Adis Rahmanović

Controlo e gestão da telemetria com recurso às TIC

Adis Rahmanović

Controlo e gestão da telemetria com recurso às TIC

Implementação e aplicação das tecnologias da informação e da comunicação

ScienciaScripts

Imprint
Any brand names and product names mentioned in this book are subject to trademark, brand or patent protection and are trademarks or registered trademarks of their respective holders. The use of brand names, product names, common names, trade names, product descriptions etc. even without a particular marking in this work is in no way to be construed to mean that such names may be regarded as unrestricted in respect of trademark and brand protection legislation and could thus be used by anyone.

Cover image: www.ingimage.com

This book is a translation from the original published under ISBN 978-613-4-91149-8.

Publisher:
Sciencia Scripts
is a trademark of
Dodo Books Indian Ocean Ltd. and OmniScriptum S.R.L publishing group

120 High Road, East Finchley, London, N2 9ED, United Kingdom
Str. Armeneasca 28/1, office 1, Chisinau MD-2012, Republic of Moldova, Europe
Printed at: see last page
ISBN: 978-620-8-09743-1

CONTEÚDO:

Dedicação

Obrigado a "Todos" que são motivo, força, apoio

Meus queridos pais, esposa, filhos ...

1. INTRODUÇÃO

Os sistemas de monitorização, controlo e gestão de uma parte do processo de produção na mina através de um centro de expedição são utilizados em todo o mundo há várias décadas. Em minas com um grande número de meios de transporte e máquinas auxiliares, é fácil determinar a viabilidade económica. Para o efeito, a melhor solução é a aplicação de equipamentos suportados por satélite, como o sistema GPS de posicionamento global.

A exploração de recursos minerais é um processo dinâmico, em que as máquinas e equipamentos mudam de posição ao longo do tempo. A maioria dos processos de trabalho na exploração superficial de recursos minerais, para além da conformidade tecnológica, tem correlação ou causalidade espacial e temporal. Neste processo, não basta apenas conhecer a posição espacial dos elementos individuais do que é necessário o conhecimento e o tempo em que acontecem as outras relações entre as máquinas individuais no processo de produção.

Devido às suas capacidades, estes sistemas foram largamente aplicados na exploração de recursos minerais à superfície para o controlo, monitorização e gestão de máquinas e equipamentos mineiros, bem como para trabalhos geodésicos (traçado de trabalhos derivados, orçamento de volume escavado e massa depositada, etc.). Os métodos de recolha de informações sobre a situação e a posição, o movimento de máquinas e equipamentos, o espaço e o tempo são implementados utilizando o sistema de posicionamento apoiado por satélite.

O Sistema de Posicionamento Global proporciona a capacidade de obter informação espacial em tempo real, o que significa que a cada momento se pode saber a posição exacta das máquinas, equipamentos, maquinaria e outros objectos móveis que incluem o recetor GPS (terminal AVL). Estas capacidades do GPS abrem um vasto campo de aplicação no processo mineiro de superfície de monitorização telemétrica para controlar todos os intervenientes no processo de produção e manutenção, o que pode afetar significativamente as receitas e as despesas nestas empresas [6].

Os dados podem ser armazenados na base de dados e constituem o historial do movimento espacial e temporal das máquinas observadas. A tecnologia GPS permite a visibilidade em tempo real no ecrã do computador no centro de expedição, monitorizando continuamente o movimento e a posição das máquinas e veículos, o que representa os parâmetros de entrada para tomar decisões de gestão racionais no momento certo.

Ao integrar a aplicação do Sistema Global de Navegação com a Videovigilância, com a aplicação de melhorias nestas áreas, combinando-as com as tecnologias de informação e comunicação, pode ser fornecida uma abordagem completa ao controlo e controlo telemétrico, que pode aumentar a segurança dos funcionários e dos bens, uma gestão mais eficiente e eficaz, receitas, cortes nas despesas e a obtenção de uma série de benefícios adicionais, que são tratados abaixo.

2. SISTEMAS GLOBAIS DE NAVEGAÇÃO POR SATÉLITE (GNSS)

A implementação de sistemas globais de navegação começou há 40 anos com o objetivo de desenvolver e implementar o sistema destinado a ser utilizado no exército, fornecendo a informação sobre a posição e o tempo do objeto sob vigilância para que a navegação pudesse ser efectuada. Passado algum tempo, surgiu a possibilidade de utilizar e explorar estes sistemas para fins civis. Assim, os sistemas passaram a ser utilizados na navegação e vigilância em diferentes áreas dos transportes (aéreos, terrestres e marítimos), na economia, nos sistemas bancários, nas redes de telecomunicações, nos sistemas de televisão digital, nos sistemas de medição geodésica e nos dispositivos de navegação.

Atualmente, existem vários sistemas globais de navegação (GNSS) que são utilizados para a navegação de posição. O objetivo deste documento é descrever cada um deles na ordem da sua evolução, bem como as suas caraterísticas básicas, vantagens comparativas, desvantagens e o seu futuro desenvolvimento e utilização.

O processo de modernização do GNSS aumenta significativamente as possibilidades dos utilizadores. Por exemplo, existem sinais adicionais para utilização civil com melhor receção e processamento mais simples nos receptores. Além disso, estes novos sinais permitem a interoperabilidade de vários sistemas (GPS, GLONASS, Galileo e BeiDou ou Compass) e está prevista a criação de mais estações de controlo e vigilância terrestres. Os satélites podem comunicar entre si, permitindo assim uma melhor geração de efemérides, um melhor controlo da operacionalidade, bem como um alarme mais rápido em caso de falha. Numerosos sistemas, independentemente da determinação da posição ou do tempo corretos, necessitam do GNSS. Os GNSS utilizam frequências no espetro UHF (Ultra High Frequency) que permitem que o sinal se propague bem de um satélite diretamente para um recetor visível. As frequências de vários sistemas podem ser iguais ou semelhantes, o que permite a receção do sinal de mais sistemas utilizando uma única antena e um único recetor.

2.1. GPS (SISTEMA DE POSICIONAMENTO GLOBAL)

O GPS é um sistema de posicionamento global, navegação e medição do tempo que consiste em segmentos espaciais, de controlo e de utilizador que asseguram a emissão de sinais GPS militares e civis. Cada um dos sinais inclui informações sobre a posição e o tempo e assegura um posicionamento, uma distância e um tempo constantes em todas as condições meteorológicas, em todo o mundo, para os utilizadores do GPS adequado.

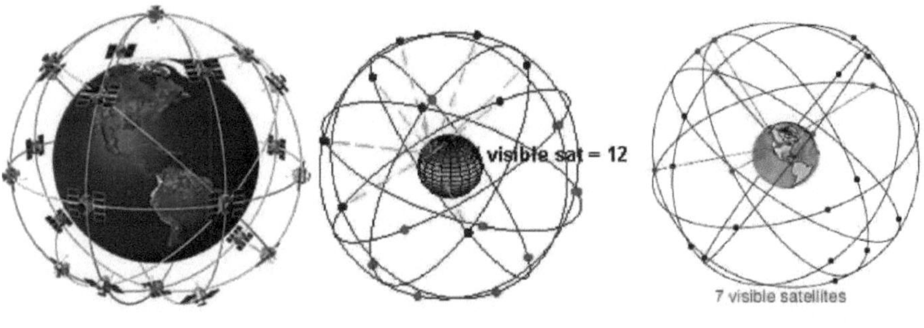

Figura Nb. 1 Constelação de satélites, visibilidade dos satélites em função do tempo [10]

Os satélites são controlados a partir da estação central de vigilância, cuja principal tarefa é a atualização atempada dos sinais de navegação. Os satélites GPS viajam numa órbita terrestre média (MEO) a cerca de 20200 km acima da Terra. Cada satélite orbita a Terra aproximadamente duas vezes por dia. Os satélites da constelação GPS estão dispostos em 6 órbitas, com uma inclinação de 55°. Em cada órbita estão dispostos quatro satélites. Esta disposição permite a visibilidade de pelo menos quatro satélites a partir de praticamente qualquer ponto do planeta. A Força Aérea dos Estados Unidos controla normalmente mais de 24 satélites GPS que asseguram a cobertura em caso de falha dos satélites principais. Os satélites adicionais podem alargar a constelação do segmento espacial do sistema GPS, mas não são considerados como parte do núcleo da constelação. Atualmente, a constelação GPS tem 30 satélites GPS operacionais. A força aérea militar está a trabalhar no desenvolvimento de uma nova geração de satélites GPS III, de um sistema comparativo operável de nova geração e de receptores concebidos para receber sinais de código M. O principal objetivo do programa de modernização do GPS é a possibilidade de incluir novos sinais de navegação civil numa constelação de satélites. Também se tem trabalhado no desenvolvimento e teste de três novos sinais para uso civil: L2C, L5 e L1C. A emissão do sinal L1 C/A ou código C/A L1 será mantida no futuro, mas os utilizadores terão de atualizar o equipamento ou dispor de novo equipamento se quiserem utilizar novos sinais.

Para um utilizador de GPS, o L2C é o segundo sinal GPS civil mais importante. O L2C oferece um aumento da intensidade do sinal GPS de cerca de 1,7 db, o que representa um aumento de mais de 50 %[9]. Ao comparar e utilizar conjuntamente os sinais L2C e L1C/A, os utilizadores de GPS podem evitar atrasos ionosféricos, bem como uma maior precisão, que não deve desviar-se mais de 1 m (até agora era de 6-10 m). O sinal L1C é introduzido conjuntamente para que o sistema GPS dos EUA seja interoperável com sistemas semelhantes no mundo, como o europeu Galileo, o chinês COMPASS, o indiano IRNSS e o japonês QZSS. O sinal L1C possui fonte C/A para garantir a compatibilidade com aparelhos GPS mais antigos, maior força efectiva de 1,5 db (mais de 50 %) e inclui também sinal estático sem dados para melhorar a vigilância. O terceiro sinal civil L5, conhecido como sinal "SoL" (Safety-of-Life), destina-se a apoiar a aviação e os transportes. É duas vezes mais forte do que o sinal L2C (melhor receção), tem maior permeabilidade e melhor estrutura de sinal e pode transportar mais dados.

Utilizando os receptores capazes de utilizar os três sinais L1 C/A, L2C e L5 com a técnica de trilaning, a precisão do posicionamento pode ser melhorada. Desde o aparecimento, em meados dos anos 90, de dispositivos de bolso para interferir com os sinais GPS, os satélites da geração GPS III, especialmente o sinal L5, foram concebidos para resistir à interferência. Os testes exaustivos dos satélites da geração GPS III ainda não foram concluídos e a estimativa de emissão do sinal L5 e do sinal L1C (que funciona com o Galileu e outros sistemas de posicionamento) não será iniciada antes de 2020. Existem várias formas de melhorar a precisão dos GPS implementados, como o DGPS ou o GPS diferencial. O GPS diferencial utiliza o recetor GPS como estação de referência. A estação de referência conhece a sua posição correta. Com base nisso e com a medição da distância a cada satélite, utilizando e comparando os sinais recebidos e, em seguida, medindo-os com as distâncias calculadas a partir das posições conhecidas, é possível, não só detetar um erro, mas também corrigi-lo até um certo grau. A diferença entre a distância medida e a distância calculada para cada satélite visível torna-se "correção diferencial". A correção diferencial para cada satélite sob vigilância é transformada numa mensagem de correção adequada e é enviada para os receptores DGPS. As correcções podem ser transmitidas através de dispositivos de rádio, satélite ou qualquer outro meio. Para além deste método, existem outros métodos utilizados para melhorar a correção e a precisão dos dados. Isto é conseguido através da implementação de sistemas de controlo e correção e dos dados sobre a integridade dos sistemas de satélite. Todos estes sistemas têm o mesmo nome, ou seja, Satellite-based Augumentation System (SBAS). São criados a nível regional e funcionam em coordenação com os GNSS mundiais. O WAAS (Wide Area Augmentation System) é um SBAS desenvolvido para a zona da América do Norte e utilizado há já algum tempo. É composto por 25 estações na Terra e dois satélites geoestacionários que cobrem toda a área dos EUA e partes do Canadá e do México. O EGNOS (European Geostationary Navigation Overlay Service) é um SBAS implementado para a zona da Europa. É composto por 34 estações terrestres e 3 satélites geoestacionários. O MSAS (Multifunctional Transport Satellite Space-Based Augumentation System) é um SBAS criado para a zona do Japão.

2.2. GLONASS

GLONASS (russo: ГЛОбальная НАвигационная Спутниковая Система, inglês: "GLObal NAvigation Satelitte System") é um sistema de navegação russo cuja realização começou em 1980. Desde outubro de 2011, a constelação GLONASS está completamente operacional, com 24 dos 28 satélites em órbita. Os sistemas GLONASS e GPS partilham um princípio semelhante na transmissão de dados, bem como os métodos de posicionamento. A diferença entre o GLONASS e o GPS reside no segmento espacial: O GLONASS é composto por 24 satélites (21 activos e 3 adicionais) em três órbitas com um espaço entre eles de 120°. Dentro de uma órbita, o espaço entre os satélites é de 45°[10]. [10] Os satélites GLONASS viajam em órbitas a 19100 km acima da Terra, com uma inclinação de 64,8°. Cada satélite orbita a Terra em aproximadamente 11 horas e 15 minutos. Quando a constelação está completa, pelo menos 5 satélites devem ser visíveis em qualquer altura e em qualquer lugar. Os satélites emitem dois sinais na banda L e está previsto o desenvolvimento de um terceiro sinal adicional da banda L, próximo da frequência de rádio do novo sinal L5 previsto para o GPS. O GLONASS oferece dois tipos de serviços: posicionamento padrão e de alta precisão.

Para os receptores de uma frequência (L1), a precisão declarada é alcançada num raio de 100 m, ao passo que para os receptores de duas frequências (L1, L2) é alcançada num raio de 16 m. Todos os satélites enviam o mesmo código que o seu sinal de precisão padrão, mas cada um envia-o a uma frequência diferente, utilizando o Acesso Múltiplo por Divisão de Frequência (FDMA). Com o objetivo de obter uma melhor precisão, resistência às perturbações e, sobretudo, interoperabilidade com o GPS, o futuro Galileu e outros sistemas GNSS, os futuros satélites GLONASS K2, para além dos sinais FDMA de origem, enviarão também quatro sinais CDMA adicionais, dois dos quais codificados para fins militares e dois para fins civis. Prevê-se que os satélites GLONASS K apareçam no início da década de 2020.

A melhoria do segmento terrestre inclui 15 novas estações de referência, seis das quais se situam fora da área russa. Uma delas já foi colocada na Antárctida. O desenvolvimento de ambos os segmentos, com o aumento do número de satélites GLONASS, tem um impacto positivo na precisão das órbitas e dos relógios GLONASS. Com o objetivo de melhorar a interoperabilidade com outros sistemas GNSS, o GLONASS está ligado ao Quadro de Referência Terrestre Internacional (ITRF), que é uma norma internacional. Embora a constelação GLONASS tenha uma cobertura global, a sua comercialização, especialmente no segmento dos utilizadores, é inferior à do GPS americano. Os veículos vendidos na Rússia, a partir de 2013, devem estar equipados com o sistema de vigilância que funciona como uma caixa negra com a capacidade de avisar em caso de acidente e dar informações sobre a localização exacta do veículo (projeto ERA-GLONASS). Prevê-se que o número de intervenções urgentes seja reduzido em cerca de 30%.

2.3. GALILEU

O desenvolvimento do Galileo GSNN tem por objetivo a criação de um sistema europeu de navegação independente e exclusivo, que deverá assegurar um melhor serviço de posicionamento a nível mundial, em comparação com os GPS globalmente acessíveis até agora. A União Europeia (UE) e a Agência Espacial Europeia (ESA), sob controlo civil, tomaram a iniciativa e conduziram o projeto. Este sistema global, que visa desenvolver e melhorar a qualidade do serviço, irá cooperar com os sistemas GPS e/ou GLONASS existentes, garantindo aos utilizadores as vantagens de uma constelação de satélites tripla ou híbrida, que pode contribuir para a correção do serviço de posicionamento, mesmo em zonas urbanas e/ou espaços fechados. Este facto deverá ter um impacto positivo na produção de aplicações de navegação e no alargamento do campo e da área que utilizará estes sistemas no seu trabalho quotidiano.

A base do segmento espacial do sistema Galileu é constituída por uma constelação de 30 satélites em órbita terrestre média (MEO) e três satélites de reserva. A inclinação em relação ao equador é de 56°, e as aeronaves encontram-se a cerca de 23222 km acima da Terra. Oito satélites são distribuídos em cada plano e a distância entre cada satélite é de 40°.[10] Está planeado ter dois satélites de reserva que podem ser facilmente substituídos em caso de falha. A altura escolhida é adequada para que a constelação possa repetir o ciclo de 17 rotações em 10 dias. Quando a constelação estiver completa, os sinais de navegação do Galileu garantirão uma boa cobertura, mesmo até 75° de latitude geográfica norte. O sistema tem como principal objetivo a utilização civil. Deverá estar disponível com toda a precisão para fins civis e militares, exceto em circunstâncias especiais.

O centro do segmento terrestre do sistema Galileu são dois centros de controlo na Europa, Fucino (Itália) e Oberpfaffenhofen (Alemanha). Cada centro de controlo tem a função de controlar os satélites e a constelação de satélites utilizando os objectos de controlo terrestre implementados nos centros de controlo que suportam, através da rede mundial TT&C (Tracking, Telemetry and Command), o centro de vigilância, telemetria e controlo na faixa de frequência S.

O controlo da missão controlará globalmente as funções básicas da missão de navegação, tais como a determinação da localização em órbita, a coordenação dos relógios, e também determinará e enviará dados através do sistema de satélites em órbita terrestre média (MEO). O segmento da missão utilizará uma rede global de 30 estações de sensores Galileu (GSS) da cintura de frequência L para vigiar os sinais de navegação e todos os satélites. O elemento principal das estações de sensores é o recetor de referência. As estações de sensores Galileu utilizam os receptores para recolher informações de navegação, metereológicas e outras informações do meio envolvente. Os dados são transmitidos aos centros de controlo Galileu através da rede global de comunicações, com a ajuda de satélites e ligações terrestres. As unidades de processamento nos centros de controlo processam os dados e produzem mensagens de navegação e mensagens sobre a exaustividade e integridade dos sinais, enviando-as aos satélites através da rede de estações UpLink (ULS) na faixa de frequência C. Os sinais são gerados nos satélites Galileu e enviados aos utilizadores na banda L.

O centro de serviços, sob a forma de departamento técnico, é também uma parte importante do segmento terrestre. O seu objetivo é fornecer soluções aplicáveis aos utilizadores e fornecedores de serviços para pedidos comerciais e de programas.

Os satélites Galileu emitem 10 sinais de radionavegação. A otimização é conseguida através da utilização de sinais múltiplos em aplicações disponíveis em diferentes ambientes, como o espaço interior e exterior, e em diferentes circunstâncias. Outra vantagem dos sinais múltiplos é a obtenção de medidas de pelo menos dois sinais diferentes, o que permite eliminar completamente o atraso ionosférico. Os sinais de navegação Galilao oferecerão os seguintes serviços aos seus utilizadores:

- Serviço aberto (OS)
- Serviço de Segurança da Vida (SoL)

> Serviço Comercial (CS)

> Serviço Público Regulamentado (PRS)

> Busca e salvamento (SAR). [9]

2.4. BEIDOU

O BeiDou é um sistema chinês de navegação por satélite que consiste em duas constelações de satélites distintas: o sistema experimental limitado, que começou a funcionar em 2000, e o sistema global de navegação por satélite, que se encontra atualmente na sua fase final de produção. O sistema experimental (BeiDou 1), constituído por três constelações funcionais e um satélite de reserva, comparativamente ao GPS americano, ao GLONASS russo e ao sistema Galileu europeu com satélites em órbita terrestre média, utilizava satélites em órbita geoestacionária. Não era necessária uma grande constelação de satélites, mas tinha uma cobertura limitada da área da Terra em que os satélites são visíveis na China e arredores.

A segunda geração do sistema, designada por Sistema de Navegação por Satélite Beidou (BDS), e também por COMPASS ou BeiDou 2, será um sistema de navegação global com uma constelação de 35 satélites[10] que fornecerá serviços a nível mundial até 2020, prevendo-se que a constelação de vários satélites geoestacionários, 27 satélites em órbita MEO e três satélites em órbita geossincronizada esteja concluída.

O alcance do sinal baseia-se na tecnologia CDMA de estrutura complexa, tal como para os sinais Galileu ou GPS modernizados. À semelhança de outros GNSS, oferecerá dois níveis de serviço de posicionamento: aberto (civil) e limitado (militar). O objetivo é que o serviço público esteja disponível a nível mundial. As frequências para o COMPASS estão dispostas em quatro faixas: E1, E2, E5B e E6, que se sobrepõem aos sinais do Galileu. O facto de as frequências dos sinais se sobreporem pode ser uma vantagem quando os receptores são levantados, mas também pode ocorrer a mistura dos sinais de diferentes sistemas, especialmente E1 e E2, dados para os sinais Galileu do Serviço Público Regulamentado (PRS). Segundo a política da União Internacional das Telecomunicações (UIT), o primeiro país que começa a emitir numa determinada frequência tem prioridade sobre essa frequência, enquanto todos os utilizadores posteriores têm de obter uma licença e certificar-se de que os seus programas não interferem. A órbita do satélite COMPASS M1 é quase circular, a uma altura de 21150 km acima da Terra e tem uma inclinação de 55,5°. O COMPASS Ml transmite em três bandas: E2, E5B e E6. Em cada cintura de frequências existem dois sub-sinais coerentes com movimento de fase de 90° (quadratura), designados por "I" e "Q". Os componentes "I" têm códigos mais curtos e serão provavelmente para uso aberto. Os componentes "Q" têm códigos mais longos, são mais resistentes às perturbações e a sua disponibilidade será provavelmente limitada. O COMPASS, na fase de ensaio, atinge uma precisão de posicionamento de 25 km, com a capacidade de melhorar à medida que aumenta o número de satélites lançados. O sistema com uma constelação completa fornecerá uma cobertura global com posicionamento a menos de 10 m e uma precisão temporal de 20 nanossegundos. O sistema global de navegação deverá estar concluído até 2020. As informações indicam que o novo sistema de satélites ligados entre si é muito resistente a perturbações e tem um elevado nível de privacidade, representando assim o núcleo da tecnologia em concorrência com as redes de navegação de outros países. Os satélites funcionarão sem a ajuda de controlo terrestre e emitirão continuamente serviços de navegação essenciais.

Em comparação com o GPS e o GLONASS, que foram criados na década de 1970, o Galileo e o BeiDou foram criados muito mais tarde, o que permitiu a utilização de tecnologia moderna e soluções avançadas[9]. O GPS e o GLONASS são constantemente melhorados, mas esse processo é mais longo e mais dispendioso, porque é necessário mudar gradualmente os satélites com modelos mais recentes na órbita, de modo a garantir a continuidade da função. O Glileo e o BeiDou serão, sem dúvida, sistemas práticos, mas a sua plena funcionalidade está prevista para 2020. O GLONASS é totalmente funcional, com 24 satélites operacionais, e está a ser sistematicamente desenvolvido. Com a constelação atual de 24 satélites operacionais, o GLONASS apresenta algumas desvantagens em relação ao GPS como solução independente para posicionamento de alta precisão, mas é utilizado como complemento do GPS. O GLONASS oferece maior fiabilidade, disponibilidade, correção e um maior número de satélites durante o dia. Os satélites GLONASS adicionais visíveis são frequentemente suficientes para ultrapassar o problema da geometria insatisfatória em zonas urbanas ou montanhosas. Quando todos os sistemas GNSS atualmente planeados forem desenvolvidos e estiverem plenamente funcionais, os utilizadores utilizarão a constelação completa de 75 satélites, o que melhorará significativamente todos os aspectos do posicionamento, especialmente a disponibilidade de sinais nos chamados desfiladeiros urbanos. Há muitos factores que têm de ser assegurados para que a comunidade GNSS se torne realidade. São eles as ferramentas disponíveis, a sensibilidade tecnológica e cultural. Todos os sinais GNSS estão sob o impacto de erros da mesma abordagem, ou seja, são do mesmo tipo e podem ser analisados em conjunto. Devido à abertura do sistema, à disponibilidade de receptores e sinais e a um grande número de trabalhos científicos, a tecnologia GNSS está em constante expansão e melhora as capacidades dos utilizadores e os campos de aplicação. Para além dos sistemas globais de navegação por satélite existentes, há muitos sistemas regionais de navegação por satélite que estão funcionais ou em desenvolvimento, como o IRNS (Indian Regional Navigation System) e o QZSS (Quasi-Zenith Satellite System).

Para além da estrutura básica de cada GSSN e da integração durante a utilização, é necessário utilizar uma série de segmentos, desde a infraestrutura das TIC ao suporte de software, passando pelo servidor/cliente e pelos sistemas de informação, e, em combinação com a inteligência artificial, a GSSN pode dar melhores resultados e alargar o campo de utilização, o que é objeto de investigação contínua destinada a melhorar e alargar a utilização.

3. VIDEOVIGILÂNCIA

3.1. EVOLUÇÃO HISTÓRICA DA VIDEOVIGILÂNCIA

Existem cinco gerações no desenvolvimento da videovigilância que serão brevemente descritas no presente documento.

A primeira geração era constituída por câmaras analógicas, cabo coaxial, multiplexer, gravador de cassetes de vídeo (VCR) e monitor analógico. As principais caraterísticas e desvantagens desta geração são as seguintes: facilidade de interceção dos sinais de vídeo (piggyback) devido à ausência de codificação, sensibilidade significativa do sinal analógico às interferências, baixa resolução das câmaras analógicas (0,4 megapixels), longo tempo de análise do material gravado, que era de baixa qualidade, e curta duração dos arquivos (cassetes VHS).

A segunda geração é constituída pelos componentes básicos de câmaras analógicas, cabo coaxial, gravador de vídeo digital (DVR) e monitor. Com todas as caraterísticas das gerações anteriores, tinha também a vantagem de uma maior durabilidade do arquivo e de um arquivo mais claro (discos). Esta geração foi também alargada com a possibilidade de comunicar com a restante parte da LAN- ethernet (rede local), o que significava uma verificação mais rápida e remota de materiais gravados de baixa qualidade, mas com maior durabilidade e arquivo mais nítido (discos).

A terceira geração era composta por câmaras analógicas, cabo coaxial, servidor de vídeo, LAN, switch de rede, LAN-ethernet e PC com o programa de controlo de vídeo. Para além das vantagens acima referidas, tinha ainda a vantagem de utilizar a encriptação na distribuição do vídeo digitalizado, acrescentando analítica aos digitalizadores, verificação mais rápida e remota do material gravado de baixa qualidade, com maior durabilidade e arquivo mais claro (discos).

A quarta geração tem os seguintes componentes: câmaras IP de rede, LAN, switch de rede, LAN ethernet e PC com o programa de controlo de vídeo. As caraterísticas destes sistemas incluem a utilização de inscrição na distribuição de vídeos digitalizados, deteção e alarme quando uma câmara se desliga (LAN), maior resistência a interferências, registos de perturbações e problemas, melhoria da qualidade de resolução das câmaras, verificação mais rápida e remota dos materiais gravados de alta qualidade, com a durabilidade desejada dos arquivos e verificação avançada dos arquivos (etiqueta de alarme). O conceito de videovigilância, desde o início, consiste na criação de vídeos em bruto e na preparação (etiqueta de alarme, inscrição, compressão) que é a tarefa da fonte de vídeo e da distribuição, que representa basicamente a proteção da integridade dos dados, a manutenção da qualidade do serviço com a preservação da funcionalidade total através de diferentes redes informáticas e dos seus componentes, e a utilização que realiza o arquivamento no servidor, a apresentação de vídeo em direto, a verificação do material gravado, a análise avançada de vídeo, realizada por um servidor de vídeo com o equipamento de acesso.

A quinta geração de videovigilância ainda está a ser desenvolvida. No entanto, alguns dos seus elementos são atualmente utilizados na extensão da quarta geração de videovigilância. Estas melhorias são dirigidas a áreas como a deteção de movimentos na área (acesso não autorizado à área, vigilância detalhada de áreas específicas dentro de uma área mais ampla), monitorização de componentes marcados na área onde a gravação é realizada sob o aspeto do roubo, monitorização de coisas abandonadas com o objetivo de prevenir actividades terroristas, monitorização no tráfego, com base em formas, no caso de procurar um veículo específico, e um contador de fluxo (especialmente quando é importante contar o acesso não autorizado a certas áreas, etc.). Todas estas aplicações utilizam bases de dados para o reconhecimento de matrículas, leitura e documentação do tráfego de contentores e para a biometria e reconhecimento facial. No futuro, é de esperar a implementação da inteligência artificial na área da videovigilância, uma vez que se tem intensificado a investigação na aplicação e melhoria da videovigilância, bem como a sua utilização mais alargada e eficiente.

3.2. NOÇÕES BÁSICAS DE VIDEOVIGILÂNCIA

Os sistemas modernos de videovigilância permitem aos utilizadores ter controlo em tempo real, detetar movimentos, integrar-se com outros sistemas de proteção, etc. Os sistemas de vídeo em rede são principalmente utilizados para vigilância de segurança e monitorização remota nas seguintes áreas

- Educação
- Tráfego
- Bancos
- Instituições do Estado
- Vendas e retalho
- Produção...[10]

Os elementos do sistema de videovigilância são:

- Câmara IP,
- Sistema operacional e programas de controlo de vídeo,
- Servidor de vídeo,
- NVR (Gravador de vídeo em rede),
- Tecnologias de rede TIC (router, servidor, switch, hub, ethernet, UTP, ótica, rede sem fios, pontos de acesso, antenas, adaptadores...),
- UPS (autonomia),
- Segurança (Firewall),
- Suportes de cópia de segurança e software.

A transmissão do tráfego de vídeo em rede é normalmente efectuada através de unicast (tráfego endereçado exclusivamente entre um emissor e um recetor), multicast (comunicação entre um emissor e vários receptores) e broadcast (transmissão de um para todos na rede LAN). O sistema de videovigilância atualmente utilizado é o sistema de videovigilância IP, que permite controlar, gravar e verificar os materiais vídeo e áudio gravados através de uma rede informática, seja ela LAN ou WAN.

Os componentes deste sistema de videovigilância são: Câmaras de rede IP, equipamento de rede (switch, router...), um PC e software adequado para o controlo do sistema. A base do sistema de envio e transmissão de informações são as redes informáticas, tais como redes LAN, Internet de banda larga, redes telefónicas e móveis. No sistema IP de videovigilância, o sinal de vídeo digitalizado pode ser transmitido para qualquer local do mundo através de uma rede informática com ou sem fios. A partir de qualquer lugar do mundo que tenha acesso à rede informática é possível controlar o sistema IP de videovigilância e verificar materiais previamente gravados (com um software apropriado e códigos de acesso). Nos sistemas IP de videovigilância, a comunicação é bidirecional. A câmara IP pode enviar vídeo, áudio ou quaisquer outros dados (uma mensagem de texto), mas também pode, com base nas instruções recebidas e utilizando determinados dispositivos, abrir uma porta ou acionar um alarme. Ao utilizar sistemas de rede, a videovigilância torna-se adequada e confortável, oferece uma plataforma de integração, bem como o desenvolvimento de muitas aplicações que requerem uma imagem de boa qualidade a partir de locais distantes. Ao mesmo tempo, um maior número de utilizadores autorizados pode aceder ao sistema IP de videovigilância e verificar os materiais gravados. As câmaras IP podem produzir imagens de alta qualidade, o que é de especial importância se forem utilizadas como prova na reconstrução de eventos anteriores. Este sistema pode ser implementado de forma modular, tendo em conta que os principais componentes do sistema são dimensionados de forma robusta. A videovigilância IP oferece muitas possibilidades: fontes de alimentação através da rede informática PoE (Power over Ethernet), possibilidades de ajustar as formas de gravação, as formas de vigilância em tempo real, o processamento posterior, o tipo de inscrição e proteção de dados, o acesso à distância, a transmissão, etc. [10].

Ao longo do tempo, a utilização da videovigilância IP tem vindo a alargar-se, nomeadamente objectos de venda a retalho e por grosso (proteção contra roubo), a área dos transportes (reforço da segurança, otimização, análise posterior), escolas (reforço da segurança dos alunos e dos bens), indústria (vigilância do processo de produção, reforço da segurança dos funcionários e dos bens), videovigilância nas cidades (prevenção do vandalismo e reforço da segurança), instituições estatais (proteção de pessoas, bens e funcionalidade de diferentes instituições), cuidados de saúde (informação devida sobre o estado dos pacientes, reforço da segurança dos funcionários e dos bens), bancos (reforço da segurança dos funcionários, pessoas, bens e fluxos de dinheiro). As câmaras IP são constituídas por componentes que lhes conferem a função de câmara e de computador ao mesmo tempo. Os principais componentes são: ótica, sensor, um ou vários processadores, barramento (E/S) e memória. Os processadores são utilizados para processar imagens, comprimir imagens, analisar imagens e, em interação com a interface de saída, para o trabalho na rede informática. A memória é utilizada para conservar o programa informático (firmware) e armazenar as sequências gravadas. A câmara IP na interface de rede tem um endereço IP. Liga-se diretamente à rede, o que constitui uma das vantagens da utilização de câmaras IP. Em comparação com as câmaras IP, uma câmara Web só pode funcionar se estiver ligada ao computador através de USB e se o PC tiver um programa adequado instalado. A instalação de câmaras IP diretamente na rede requer a utilização e o trabalho com protocolos de rede e de segurança. A câmara IP pode ser configurada para enviar o sinal de vídeo para a rede de modo a que possa ser visto online, gravado continuamente, em intervalos planeados, ou apenas nos casos em que algo está a acontecer ou a pedido de um utilizador autorizado. As sequências gravadas podem ser gravadas e preparadas para serem enviadas através da rede em diferentes formatos, como vídeo Motion JPEG, MPEG-4 ou H.264, ou como fotografias, e com a ajuda de diferentes protocolos de rede é possível controlar o seu envio e receção através da rede via FTP, e-mail ou HTTP. A ótica é um componente muito importante porque é responsável pela qualidade de uma imagem, de um vídeo, que depois de transmitido pode ser gravado e enviado para diferentes locais. Na escolha da ótica, para além das condições de trabalho, do ambiente em que a câmara IP irá funcionar, das necessidades em termos de imagens e vídeos, é também importante ter em conta a distância de focagem, o tipo de ótica varifocal, o tamanho e o tipo de íris (manual, automática, video-drive, DC-drive), o botão da ótica (C, CS), o tipo de sensor (CCD, CMOS), o tamanho da resolução, o número de pixels e de fotogramas na unidade de tempo, a tecnologia de visualização da informação dos sensores (varrimento entrelaçado e varrimento progressivo, gama dinâmica alargada), o ângulo da câmara (distância de focagem, tamanho do sensor), o controlo (infravermelhos) da radiação IR, a utilização de lentes de correção (utilizando luz visível e IR) e, em condições de fraca luminosidade, a necessidade de reflectores IR ou de câmaras com díodos IR Led instalados.

As caraterísticas básicas da vigilância por vídeo IP são:

- Ligação flexível: LAN, xDSL (acesso à Internet), PSTN (linha telefónica), Internet, redes móveis...,
- Vídeo puro e em tempo real,
- Gravação de vídeo digital,
- Controlo inteligente e automático de eventos (deteção de movimentos, ativação de alarmes, perda de vídeo, etc.),
- Controlo da telemetria (rotação das câmaras, controlo à distância, etc.),
- Arquitetura escalável,
- Vigilância através da Internet e das redes móveis,
- Os sistemas de videovigilância IP são adequados para utilização em diferentes sectores.

A disponibilidade de informação de vídeo a partir de um local distante pode ter um impacto drástico na redução dos custos de transporte para os locais vigiados e vice-versa, independentemente da velocidade da informação que chega, o que aumenta a eficácia. A flexibilidade da videovigilância IP permite a transmissão de informações de vídeo através de vários canais de comunicação em que um utilizador não tem quaisquer custos adicionais, mas utiliza o que está disponível. A escalabilidade garante uma atualização mais fácil dos sistemas, como o "plug and play". Os sistemas de videovigilância em rede são integrados de forma simples numa infraestrutura de rede existente e a tecnologia de vídeo em rede permite a digitalização de informações de vídeo analógicas. A videovigilância em rede reduz os custos do investimento total porque utiliza a infraestrutura e o equipamento existentes, reduz os custos de instalação, manutenção e utilização, simplifica a verificação do vídeo gravado e torna o serviço mais barato. Para além de aumentar a segurança das pessoas e dos bens, também aumenta a segurança contra danos ou roubo do investimento.

A vigilância por vídeo em rede é frequentemente implementada em conjunto com sistemas de alarme. Os sensores de alarme, tais como detectores de movimento, contactos magnéticos (janelas, portas), detectores de fumo, podem ser ligados a componentes para outras medições com o objetivo de uma reação rápida. Isto é implementado em sistemas de videovigilância de maior dimensão e criado para vigiar em tempo real em centros distantes de vigilância e controlo. Recentemente, estes centros são também construídos para a informação que pode ser obtida através do GPS e de outros sensores e fornecedores de informação. O sistema de vigilância remota oferece aos seus utilizadores uma solução rápida, em tempo real, fiável e eficaz de videovigilância remota e verificação de alarmes. É importante ter em conta a lei e a privacidade ao implementar um sistema moderno de videovigilância e um sistema de vigilância e controlo. É também muito importante definir uma boa resposta à questão de saber onde termina o interesse pela proteção de pessoas e bens e começa a violação da privacidade dos empregados. É importante ter em atenção a questão de saber quando se considera que a videovigilância processa dados pessoais e quando não o faz, uma vez que esta área está incluída em legislação adicional. O arquivamento de vídeos é feito num servidor de arquivo que funciona frequentemente em cluster e contém um sistema RAID (Redundant Array of Independent Discs) de proteção da informação nos discos, que permite a continuação do trabalho sem perturbações após uma avaria num dos discos, bem como a possibilidade de reconstrução automática dos dados após a substituição do disco avariado. O servidor recebe conteúdo de vídeo digitalizado, comprimido e preparado para gravação, o que melhora significativamente o processo de gravação do conteúdo em discos que têm de ser tão confiáveis quanto possível (24/7). A gestão avançada do conteúdo preparado tem um papel muito importante no servidor, porque as câmaras são mais avançadas e porque a sua função define as autoridades durante a gravação e também implementa a deteção de movimento, a deteção dos objectos deixados, as assinaturas digitais, etc. Durante este processo, a transmissão e o processamento do conteúdo são optimizados no próprio servidor.

4. APLICAÇÃO DOS SISTEMAS MUNDIAIS DE NAVEGAÇÃO POR SATÉLITE

4.1. INFORMAÇÕES SOBRE A EMPRESA EM QUE OS PROCESSOS SÃO EXECUTADOS - RMU "BANOVICI" D.D. BANOVICI

As minas de carvão "Banovici" d.d. Banovici (RMU Banovici) estão localizadas na área da bacia carbonífera de Banovici, que abrange 27 km^2, na parte nordeste da Bósnia e Herzegovina, entre o vale do rio Spreca, a norte, e a montanha Konjuh, a sul. A linha férrea Brcko-Banovici e as estradas Banovici-Zivinice e Banovici-Ribnica-Maglaj ligam-nas às auto-estradas Zupanja-Sarajevo e Doboj-Zenica-Sarajevo. A distância até à cidade de Tuzla é de 30 km e até à capital, Sarajevo, é de 120 km. A imagem de satélite da localização da bacia carbonífera de Banovici é apresentada na Figura Nb. 2.

Figura Nb. 2. Imagem de satélite da bacia carbonífera de Banovici

A RMU Banovici tem seis unidades organizacionais:

1. Mina "Exploração de carvão à superfície" (poços activos Grivice e Turija, poço inativo Cubric)
2. Mina "Exploração subterrânea de carvão" (mina ativa de Omazici)

3. Tráfego ferroviário
4. Separação
5. Sede social
6. Normas e serviços sociais

Desde 1946, ano em que foi fundada, a RMU Banovici dedica-se à exploração e tratamento de carvão. A exploração é efectuada através de métodos à superfície e subterrâneos. As reservas de carvão num campo de exploração, no qual é efectuada a exploração de carvão, garantem a possibilidade de exploração com o nível de produção alcançado nos próximos 100 anos.

A necessidade de otimização, o controlo das despesas, a melhoria da eficácia e da eficiência, o reforço da segurança dos funcionários e dos bens, impuseram à RMU Banovici a aplicação de um conjunto de serviços da área das tecnologias da informação e da comunicação (serviços TIC), que asseguraram a monitorização e o controlo da telemetria.

Com base na utilização do GPS e da videovigilância com a infraestrutura e o software TIC que os acompanham, foram criadas hipóteses sobre a melhoria da atividade e o reforço da segurança dos empregados e dos bens, o que influenciou significativamente a competitividade do carvão produzido.

4.2. SISTEMA DE DESPACHO DE BASES PARA DETECÇÃO, MONITORIZAÇÃO E CONTROLO

O principal objetivo do sistema de despacho é a monitorização por telemetria e o controlo do trabalho das máquinas observadas, fazendo assim parte do processo de produção nas minas a céu aberto.

Em geral, cada sistema de controlo e gestão da telemetria é composto por

1. O subsistema de controlo de supervisão,
2. As máquinas e veículos do subsistema são monitorizados e geridos,
3. Subsistema de comunicação,

4. Subsistema de videovigilância.

Figura 3. Elementos básicos de um sistema de deteção, monitorização e controlo remotos: Projeto do autor de aplicação do sistema de telemetria GPS para monitorização e gestão na RMU "Banovici" [6]

O subsistema de supervisão e controlo é o centro do sistema de expedição e do sistema de telemetria para monitorização e gestão. É o local onde são recolhidas todas as informações sobre as máquinas e equipamentos rastreáveis e o local a partir do qual é gerido todo o sistema. Para o normal funcionamento e operação do centro de expedição, é necessário criar mais postos de trabalho e empregar pessoas que trabalhem como despachantes. O centro de expedição está equipado com mais computadores pessoais, cujo número depende da quantidade de equipamento monitorizado e gerido. Estes computadores estão ligados à rede para que o sistema funcione como um todo. O software de apoio ao sistema garante que o ecrã de cada PC possa mostrar o horário atual das máquinas rastreadas (monitorizadas) na mina, e mapear a mina a céu aberto com marcadores, mostrando a posição e direção do movimento de cada camião, a posição das escavadoras e outros equipamentos e máquinas equipados com dispositivos de deteção remota. O centro de expedição pode ainda monitorizar outros dados sobre as máquinas, parâmetros de funcionamento e caraterísticas das máquinas-veículo (escavadoras, camiões e outros equipamentos).

O subsistema móvel inclui um conjunto de todas as máquinas monitorizadas, que recebem sinais dos satélites e asseguram a comunicação com o centro de controlo. O equipamento em cada máquina permite:

- receber sinais do satélite sobre a posição espacial da máquina, > formar a mensagem que é enviada para o centro de expedição, e
- receção de mensagens de controlo do centro de expedição.

O subsistema móvel em cada máquina inclui [3]:

- O ecrã onde são visualizadas as mensagens do centro de expedição, > painel de controlo através do qual uma máquina operadora envia uma mensagem ao centro de expedição,
- sensores para medir determinados parâmetros de dimensão na máquina,
- Recetor GPS com antena,
- Modem de comunicação (rádio, GSM, GPRS) com a antena.

O subsistema de comunicações é um conjunto de ligações que assegura a comunicação completa no interior do sistema de expedição. Este subsistema permite a troca de informações entre as máquinas da mina, que são monitorizadas e geridas a partir do centro de expedição. O mesmo é realizado da seguinte forma:

- Leitura da posição espacial no tempo,
- Controlo de telemetria,
- A recolha e o arquivo de relatórios,
- Gestão,
- Análises e relatórios sobre os efeitos do trabalho.

A leitura da posição espacial é efectuada com os terminais AVL (Automatic Vehicle

Location) integrados e o sinal de satélite. O sistema de despacho faz a geo-referenciação, a supervisão telemétrica e telecomandada do complexo de camiões e outros equipamentos na mina durante o funcionamento da mecanização da mina. A conversão da informação sobre a posição e o movimento do equipamento de produção na mina e o estado dos seus circuitos em alguma forma de dados (transferência, seleção, armazenamento, arquivo e processamento dos dados obtidos). Todos juntos formam a função do controlo centralizado do processo de produção. A supervisão telemétrica é realizada através da monitorização contínua dos equipamentos e máquinas de produção a céu aberto, a fim de adotar atempadamente as decisões certas sobre o seu trabalho (mudar para outra mina de camião ou trabalhar com outra escavadora, etc.). O sistema de monitorização telemétrica oferece a possibilidade de monitorizar o centro de expedição, recolhendo informações em tempo real. A quantidade de informação depende do número de sensores, codificadores e terminais que integram o sistema. Para além da recolha de informação em tempo real, é possível gerir adequadamente a produção, o aprovisionamento e a manutenção. A gestão destes parâmetros e processos pode afetar significativamente as receitas e as despesas da empresa. (Kerzner, 2013). A gestão de máquinas complexas no processo de produção é praticamente a gestão dos parâmetros do processo tecnológico de produção, a disposição das máquinas e equipamentos por processos de fabrico, a capacidade em resíduos e matérias-primas minerais, o consumo de combustível e eletricidade, bem como os efeitos desta despesa. Com base no valor atual conhecido dos parâmetros acima referidos para cada elemento do complexo tecnológico ou máquina e para todo o complexo, metodologicamente são tomadas decisões de gestão que trarão os melhores resultados de produção, que serão seguidos pelos melhores indicadores económicos. Controlo de qualidade em grande medida

influencia a qualidade da governação, nomeadamente nas partes do processo de produção a gerir em tempo real. A fim de fornecer informações precisas em tempo útil, surge a necessidade de centralização dos dados de diagnóstico e monitorização locais. Pode concluir-se que, para uma melhor gestão, é necessário alargar o âmbito da informação atempada. Este processo conduz a uma maior automatização local e telemétrica. Para todas as especificidades que acompanham o processo de exploração mineira a céu aberto, a gestão é efectuada de duas formas:

> Planeamento a longo e a curto prazo e acompanhamento da execução dos planos de produção,

> Otimização da monitorização e gestão em tempo real das partes dos processos de produção que são geríveis no momento atual.

O subsistema de videovigilância permite a monitorização contínua da situação, tendências e distribuição dos camiões e outros equipamentos mineiros no centro de expedição através de câmaras instaladas em banda larga para consolas de jogos de vídeo ou máquinas mineiras [6]. O subsistema de videovigilância é constituído por câmaras IP digitais com equipamento e infra-estruturas TIC que as acompanham, colocadas em diferentes locais da UGR de Banovici e agrupadas de acordo com as unidades organizacionais, e são utilizadas para reforçar a segurança dos trabalhadores e dos bens.

4.3. DESCRIÇÃO TÉCNICA DO SISTEMA GPS E DO TERMINAL AVL

O sistema é estabelecido com base na plataforma que é para posicionamento georreferenciado e unidades de veículo de controlo de telemetria. O sistema é implementado com os seguintes componentes:

> Terminais AVL,

> Servidores,

> Utilizador Pedidos de acesso ao sistema,

> Infraestrutura de comunicação (Ethernet, GPS/ GSM / GPRS)

> Centro de inspeção para o controlo de telementrijsko,

> Equipamento de proteção,

> Sensores adicionais...

O sistema utiliza serviços GPS / GSM para o intercâmbio de dados de telemetria e instruções de controlo. O módulo GPS, que se encontra no terminal AVL, calcula as suas posições a cada segundo ou para uma secção específica percorrida. Estas leituras são de parâmetro variável e podem ser alteradas, de modo a que os terminais AVL na mina sejam configurados para ler a posição de um determinado número de segundos, ou de um número de metros percorridos. Estes dados podem ser ajustados em função das necessidades de tipos específicos de máquinas. Além disso, os parâmetros de configuração são definidos com o terminal e o período de entrega dos dados recolhidos na memória interna para o servidor através de um sinal GPRS. Este tempo para as necessidades da mina é de 1 minuto a 24 horas. A memória interna do terminal que foram objeto de pesquisa é possível armazenar até 100.000 registos de posição GEO seguidos por máquinas.

Só agora é possível monitorizar as informações relativas aos camiões basculantes.

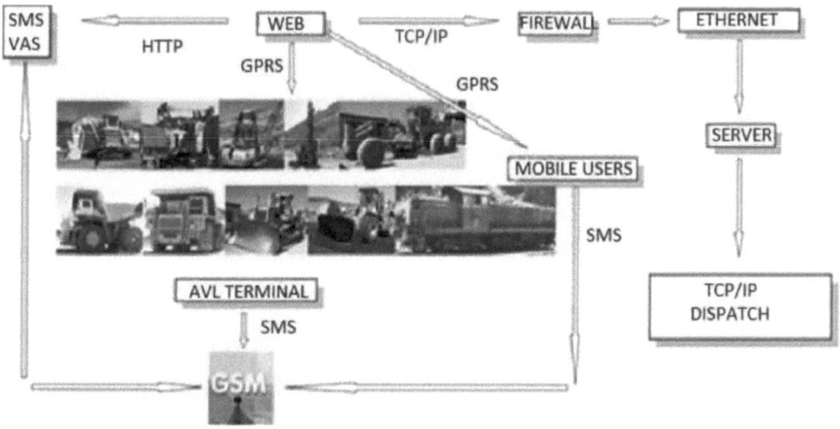

Figura 4. Relação dos elementos do sistema de despacho

4.4. PARTES E CONDIÇÕES DE UTILIZAÇÃO DE UM GPS EM RMU BANOVICI

A RMU Banovici estava determinada a assegurar um melhor controlo e monitorização, a redução das despesas e o reforço da segurança dos empregados e dos bens, através de investimentos significativos na utilização de tecnologias TIC. Estas actividades melhoraram a sua atividade e fizeram da RMU Banovici um líder na Bósnia e Herzegovina na utilização destas tecnologias para melhorar o processo de produção. Para além disso, a empresa é também líder na produção de carvão na Bósnia-Herzegovina. Este trabalho aborda a utilização do GPS e da videovigilância em empresas de produção e exemplifica a sua utilização, o procedimento de implementação, os benefícios da implementação do GPS e do sistema de videovigilância com o objetivo de vigiar o trabalho da mecanização mineira e dos veículos da RMU Banovici e de fornecer informações sobre a segurança dos funcionários e dos bens.

A primeira coisa que se fez foi verificar o sinal de satélite num local específico com a condição de garantir a receção de pelo menos quatro satélites. No mesmo ano, foi também realizada a tarefa do dispositivo de navegação manual que determina uma posição pelo método de posicionamento absoluto com a possibilidade de receber correcções diferenciais de satélites geoestacionários (WASS/EGNOS), o que aumenta significativamente a correção do posicionamento até três metros, o que é suficiente para vigiar as unidades de transporte. A obtenção de resultados positivos foi seguida da aquisição de dispositivos de medição experimentais (terminais AVL) com o objetivo de concretizar a possibilidade de aplicação numa amostra específica.

Desde o momento da sua implementação até aos dias de hoje, através da implementação de um centro de despachantes, foi cumprida uma das três condições básicas de organização do sistema de trabalho e vigilância. O centro de vigilância e controlo telemétrico (centro de expedição) é o local de recolha de todas as informações sobre as unidades vigiadas e também o local a partir do qual é efectuado o controlo do processo de produção. O centro está equipado com o equipamento informático, incluindo o hardware e o software adequados, e com pessoal formado. Ao nível da unidade de organização da exploração de carvão da mina de superfície, existe um sector especial para a vigilância telemétrica e o controlo da parte do processo tecnológico, constituído pelo gestor do sector, cinco engenheiros de minas e cinco técnicos de minas, cuja função é vigiar o trabalho de mecanização. Este sector trabalha em conjunto com o sector TIC, responsável pela manutenção da infraestrutura TIC e do sistema de informação. No ecrã de um PC, com a ajuda da aplicação licenciada, como ferramenta essencial para o funcionamento deste sistema, é possível ver o mapa do Google para a área de referência do movimento da mecanização e dos veículos vigiados. A aplicação mostra um mapa das valas de superfície com marcadores que indicam a posição e a direção do movimento de cada camião, escavadora, equipamento adicional, veículos de passageiros e todas as outras unidades que têm o terminal AVL instalado (Figura 5).

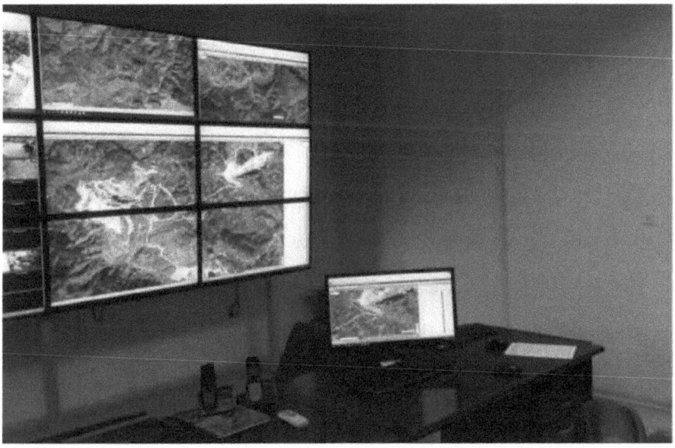

Figura 5. Planta do centro de expedição da RMUBanovici

No sistema Google Map, através do servidor de mapas implementado, é possível introduzir e atualizar os mapas adequados actualizados pelo sector geodésico da RMU Banovici. O mapa das minas de superfície é atualizado todos os meses, mostrando assim o estado atual dos trabalhos mineiros e das vias de transporte (figura 12). No centro de vigilância e controlo telemétrico de Besin foi implementado um vídeo wall para melhorar os efeitos visuais da vigilância e garantir a entrega atempada de informações completas com o objetivo de assegurar a vigilância adequada do sistema de produção de carvão e a sua distribuição ao utilizador final.

A segunda condição para o funcionamento do sistema de vigilância é a existência de subsistemas móveis que incluem um terminal AVL e equipamento adicional que permite a cada unidade vigiada receber o sinal de um satélite sobre a sua posição espacial, recolher dados dos sensores instalados, formar uma mensagem que, através de um sinal GPRS, é enviada para um servidor e receber mensagens de controlo do centro de expedição, processá-las e guardá-las na base de dados.

O sistema móvel é composto por:

> Terminal AVL com equipamento adicional (antena, instalação),

> Modem de comunicação com antena (rádio, GSM, GPRS).

Para que o trabalho de qualquer sistema de vigilância seja concluído é essencial implementar o subsistema de comunicação que representa a infraestrutura de comunicação de informação essencial para a comunicação no sistema de vigilância e controlo de telemetria. Este sistema é utilizado para a comunicação dos funcionários que controlam as unidades motrizes com o centro distante de vigilância e controlo, bem como com outros sectores. Na RMU Banovici esta parte da comunicação é realizada através de sistemas de rádio e telefone. Os dispositivos específicos utilizados são estações de rádio móveis e fixas e telefones móveis e fixos, dependendo da localização.

4.5. RECOLHA DE INFORMAÇÕES ATRAVÉS DO SISTEMA GPS

Com base nos terminais AVL implementados, os sensores podem determinar o estado, a velocidade, o repouso, durante o movimento, a distância percorrida pelos veículos, o tempo de permanência na área designada, etc.

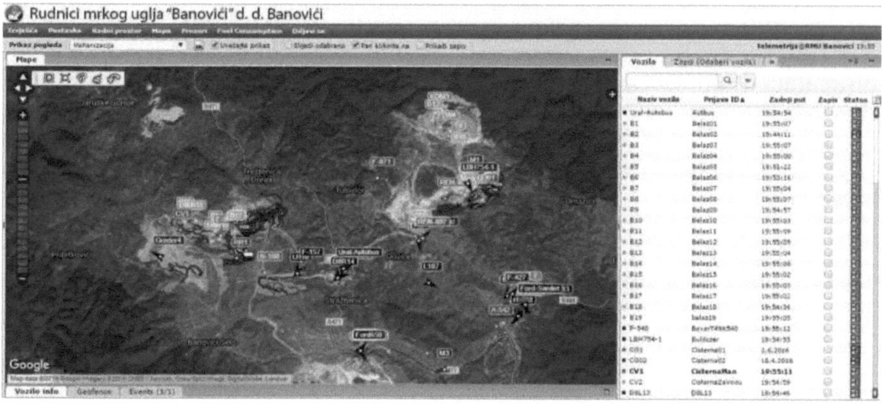

Figura 6. Página principal da plataforma de software

Para recolher outras informações, como o nível de combustível, o estado da tampa do depósito, a carga do motor de acionamento e afins, deve ser feita a instalação de sensores especiais que podem ser posteriormente ligados ao dispositivo, de modo a que esta informação esteja disponível para controlar o centro de expedição.

4.6. MECANIZAÇÃO MINEIRA DISPONÍVEL COM O SISTEMA GPS INSTALADO

No sistema de vigilância e controlo por telemetria, a infraestrutura TIC liga 111 veículos diferentes:

- Escavadoras (carregador)
- Unidades de transporte em produção (camiões amortecedores)
- Locomotivas
- Equipamento para trabalhos adicionais (bulldozers, niveladoras, carregadoras)
- Veículos de carga no parque automóvel
- Veículos terrestres
- Veículos de passageiros

4.6.1. Máquinas para escavação e carregamento - escavadoras

Quando se trata de unidades de carga (escavadoras), espera-se que sejam recolhidas e registadas as seguintes informações:

> Posição GEO

> Estado de funcionamento ou não de uma máquina

> A carga dos motores de potência?

> SOS taster, conjunto mãos-livres

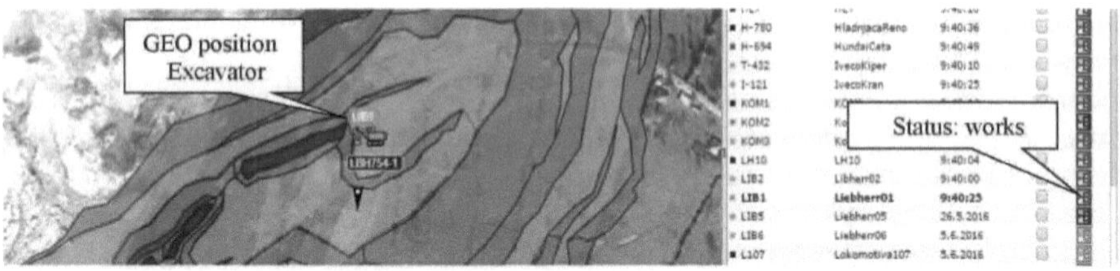

Figura 7. Informações atualmente vigiadas sobre as escavadoras

Uma vez que as escavadoras são máquinas eléctricas, não estão implementados sistemas de vigilância do consumo de combustível, porque este é realizado em postos de transformação montados. As câmaras de grande alcance para controlo visual são colocadas muito perto das escavadoras, razão pela qual tivemos de criar uma ligação WiMax com o local de vigilância e controlo em Besin, que está ligado através de um transmissor ótico? à sede. Esta é a forma de implementar a infraestrutura de comunicação para este tipo de transferência de informação.

4.6.2. Meios de transporte

4.6.2.1. Camiões amortecedores em poço de superfície

O exemplo de monitorização mostra um exemplo de camião basculante no qual se prevê a recolha e o registo das seguintes informações [6]:

> Primeira posição GEO,

> O estado da máquina, se está a funcionar ou não,

> O consumo de combustível,

> A quarta carga dos motores eléctricos de tração,

> Botão SOS, conjunto mãos-livres,

> Velocidade e excesso de velocidade.

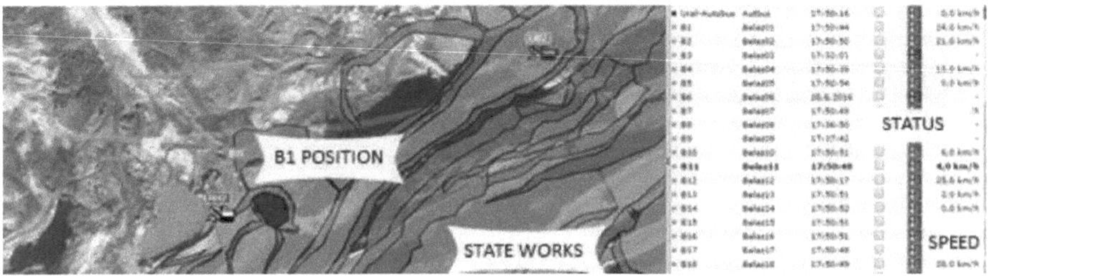

Figura 8. Informações atualmente monitorizadas para camiões basculantes

Existem 30 camiões de amortecimento na RMU Banovici, que servem para o transporte de carvão e de resíduos das escavadoras para as escombreiras das minas. Estas instalações de transporte são grandes consumidoras de produtos petrolíferos e o seu depósito é de 2000 a 3000 litros. O consumo pode ser regulado pelo método de condução, otimização de rotas, otimização de encomendas, desenvolvimento da consciência da vigilância de cada veículo e as medidas podem mostrar que vale a pena ser eficiente e eficaz. A informação sobre a posição dos camiões amortecedores pode ajudar a otimizar as unidades de transporte, de modo a que cada escavadora tenha um número ótimo de camiões amortecedores. A informação sobre a carga dos motores permite uma exploração mais longa dos camiões amortecedores, o trabalho em condições óptimas, um número reduzido de avarias, uma exploração mais longa, o que, para além de reduzir os custos de exploração, garante o transporte de uma maior quantidade de carvão, minimiza os atrasos de produção, reduz os custos de aquisição de novas unidades de transporte...

4.6.2.2. Transporte ferroviário

As locomotivas diesel destinam-se a fornecer e registar as informações:

> Posição GEO,

> Se a máquina (unidade de transporte) funciona ou não

> Consumo de combustível.

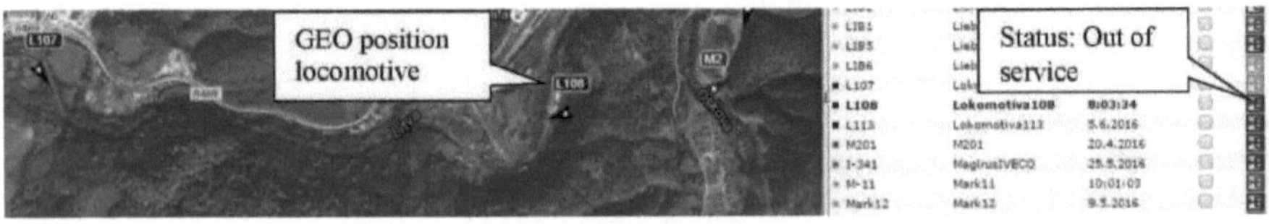

Figura 9. Apresentação da informação atualmente vigiada para as locomotivas diesel

O transporte ferroviário serve para que o carvão transportado para o aterro da mina seja transportado dentro da RMU Banovici para a separação, onde será limpo e classificado para distribuição ao utilizador final. Este trabalho é feito por comboios, com uma série de locomotivas onde os dispositivos com os sensores acima mencionados são colocados para vigiar a posição, o estado e o consumo de combustível. A informação sobre a posição e o estado permite saber, a qualquer momento, a localização, a velocidade e a chegada a um determinado local. Podem ser optimizadas outras actividades em série durante o processo de produção, minimizando assim os atrasos e, ao otimizar a velocidade de transporte e o consumo de combustível em espera, os custos podem ser reduzidos. Para além disso, o estado e a posição fornecem a informação que, em caso de atrasos imprevistos ou atrasos em locais imprevistos, permite a comunicação e recursos que evitarão o roubo de carvão, combustível, etc. Assim, os procedimentos foram criados para explicar o modo de atuação em caso de circunstâncias imprevistas, com o objetivo de proteger os trabalhadores e os bens durante a fase de transporte do carvão do local de produção para o local onde é efectuada a preparação para a entrega aos utilizadores finais.

4.6.3. Mecanização adicional na cava de superfície

A mecanização adicional destina-se a fornecer e registar as seguintes informações:

> Posição GEO,

> Se uma unidade de transporte funciona ou não,

> Consumo de combustível,

> Carga do motor de potência,

> SOS taster, conjunto mãos-livres.

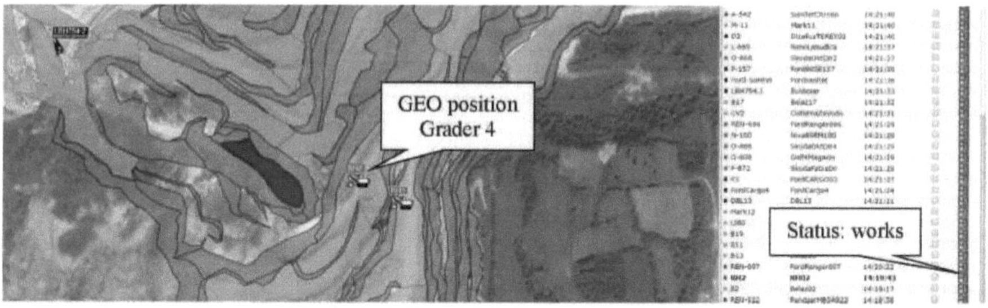

Figura 10. Apresentação da informação atualmente vigiada para mecanização adicional

A mecanização adicional serve para preparar as rotas, a entrega de combustível, empregados, matérias-primas e tudo o mais que é necessário para a realização do processo de produção. A entrega atempada de todos estes parâmetros pode melhorar o controlo ótimo, o processo de produção, uma manutenção mais barata e melhor, uma maior fiabilidade, um menor consumo de combustível, uma menor taxa de roubo, uma maior eficácia e produtividade, uma maior segurança dos empregados, uma melhor comunicação e preparação.

4.6.4. Frota de condução e veículos de passageiros

Os veículos terrestres e de passageiros destinam-se a recolher e registar as seguintes informações:

> Posição GEO,

> Se uma unidade de transporte funciona ou não,

> Consumo de combustível,

> Velocidade e desrespeito dos limites de velocidade.

Figura 11. Apresentação da informação atualmente vigiada para as unidades de transporte da frota de veículos

A frota de condução é composta por 45 veículos, 20 dos quais são distribuídos como ajuda na comunicação e transporte de funcionários e recursos no processo de produção, enquanto os restantes 25 veículos são distribuídos por outras unidades organizacionais e pela sede da RMU Banovici, servindo para transporte dentro e fora da RMU Banovici. Os parâmetros importantes são a localização e o estado, de modo a sabermos onde se encontra o veículo, para otimização do controlo e proteção contra roubos. Os parâmetros como o consumo de combustível, a velocidade e a ultrapassagem do limite de velocidade têm como principal objetivo garantir a segurança dos funcionários, a redução dos custos de transporte e dos custos totais na RMU Banovici.

Para além do servidor GPS com a aplicação e a base de dados existentes, era necessária a instalação do servidor MAP, que seria uma plataforma para a introdução de mapas geodésicos actualizados com o estado atualizado dos pavimentos e das rotas nos poços da RMU Banovici. Estes dados oferecem muitas oportunidades para analisar e planear os aspectos do estado dos percursos, dos pavimentos e dos bavels, que são dados muito importantes para o processo de exploração. Estes mapas estão georreferenciados e ligados ao Google Maps, e são representados na aplicação como uma possibilidade de escolha especial. O exemplo disto está representado na figura seguinte com o estado de adiantamento das obras apresentado. É também apresentada a possibilidade de agrupar determinados tipos de veículos a partir de localizações aproximadas, o que influencia a transparência e a monitorização. O registo do estado de prontidão e a colocação da informação no servidor Map podem ser melhorados e acelerados com recurso a drones. A utilização de drones garantiria um estado mais rápido, uma realização mais rápida, uma melhor transparência dos gráficos 3D e mais possibilidades na área dos trabalhos efectuados. Estão em curso actividades para a implementação de drones neste domínio.

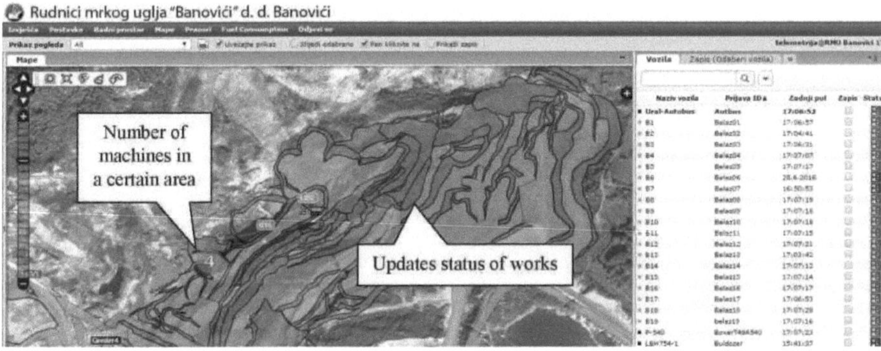

Figura 12. Apresentação do número de máquinas no mapa com o estado de adiantamento das obras

4.7. INSTALAÇÃO E MANUTENÇÃO DE DISPOSITIVOS

A instalação de dispositivos nas unidades de transporte ligadas ao sistema de telemetria, vigilância e controlo é feita de modo a que um dispositivo seja colocado numa caixa de PVC, tipo IP 66 (proteção contra a entrada), especialmente na mecanização mineira que trabalha nas piores condições e onde os dispositivos estão expostos à humidade e ao pó. Com os restantes equipamentos, a instalação é feita numa caixa, se houver espaço suficiente, e deve ser instalada no local com menos humidade e poeira ou qualquer outro dano possível. Os dispositivos devem ser colocados de forma adequada, de modo a não incomodarem os operadores e a não perturbarem o normal funcionamento das máquinas (unidades de transporte). A figura seguinte mostra a caixa IP 66 implementada num determinado número de unidades de transporte.

Figura 13. Caixa IP 66 na qual são colocados os dispositivos

Juntamente com as caixas, existem também borrachas especiais para que um dispositivo seja hermeticamente separado do possível efeito do pó ou do mosquito. A figura seguinte mostra a forma como um dispositivo é colocado na caixa com a instalação que o acompanha. Os locais onde deve ser feita a saída para a instalação estão assinalados.

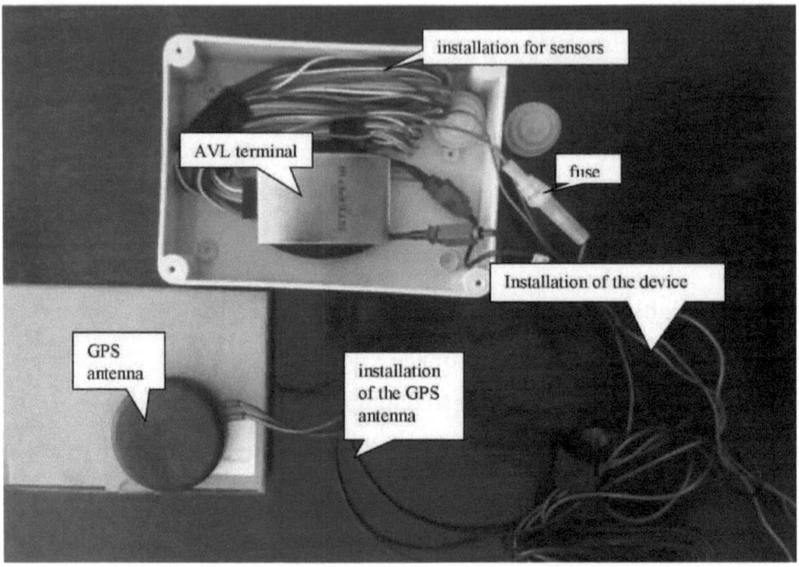

Figura 14. Apresentação do dispositivo, da antena e da instalação com um disjuntor

[6]

Os disjuntores protegem o dispositivo contra curto-circuitos e sobrecargas e, para a proteção contra sobretensões, um dispositivo de vigilância deve ter uma proteção integrada. A figura anterior mostra terminais AVL, cujo invólucro é feito de metal e que tiveram problemas no processo de exploração. Depois de efetuar a análise e determinar as causas do problema (era eletricidade estática), o problema foi resolvido instalando-os nas caixas acima mencionadas e, mais tarde, adquirimos os dispositivos cuja caixa não é feita de metal. Estes dispositivos serão abordados em pormenor mais adiante neste trabalho. No que diz respeito às máquinas de extração, produção e mecanização auxiliar, foram tomadas as precauções necessárias para evitar a perturbação do trabalho quotidiano, longe dos empregados que, em certas condições, não queriam ser vigiados. No entanto, também se teve o cuidado de os dispositivos estarem disponíveis para os prestadores de serviços de manutenção, pelo que foram escolhidos diferentes locais para os terminais AVL, alguns dos quais são apresentados na figura 15.

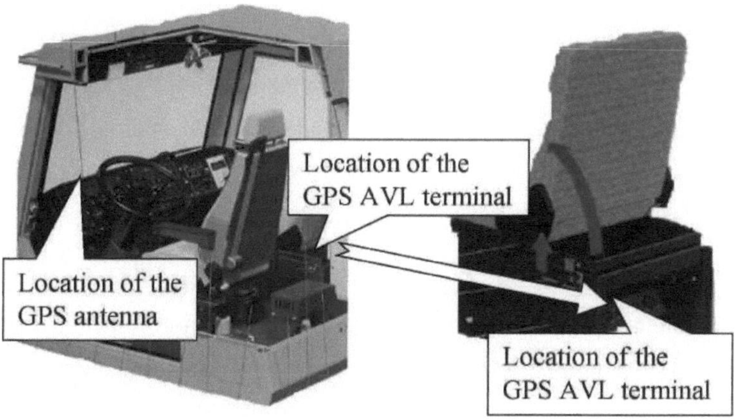

Figura 15. Apresentação do local de instalação do terminal AVL e da antena no camião Belaz

Para além da instalação do dispositivo, um pormenor muito importante é a instalação da antena GPS/GSM, uma vez que todo o trabalho seria em vão sem uma boa receção do sinal de satélite. Por isso, no caso da colocação de antena na mecanização mineira, a instalação é feita no painel superior ou no vidro do para-brisas, consoante a melhor posição para a receção do sinal (Figura 15). Quando a antena é colocada em veículos de passageiros, normalmente é colocada por baixo do painel para que a receção do sinal seja boa e o interior do veículo não seja afetado (Figura 16).

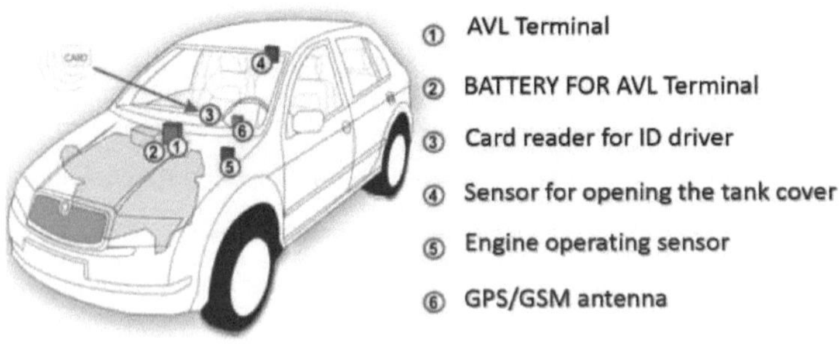

Figura 16. Apresentação do local de instalação do terminal AVL num veículo de passageiros

4.7.1. Alimentação eléctrica de um dispositivo de vigilância

Nas máquinas que têm uma tensão de 24/12 VDC necessária para alimentar um dispositivo de vigilância, a alimentação de um dispositivo deve ser efectuada a partir do local que tem uma tensão constante. O sinal que, através do dispositivo de vigilância e controlo, informa se uma determinada máquina está ligada, é levado à entrada de um dispositivo a partir do ponto que recebe tensão quando a máquina é ligada. Esse ponto será um bloqueio de contacto, o local a partir do qual o relógio da moto ou o contacto do provador de arranque/paragem são fornecidos.

Uma vez que não possuem a tensão de 24/12 VDC necessária para alimentar um dispositivo de vigilância e controlo, é necessário instalar um transformador e um conversor que transformará a tensão de 220 VAC em 24 VDC. A ligação à tensão de 220 VAC será efectuada no local com uma tensão constante, independentemente de uma máquina estar ligada ou não. A alimentação será efectuada a partir do transformador doméstico de uma escavadora. Os 24 VDC obtidos desta forma serão utilizados para alimentar um aparelho de vigilância.

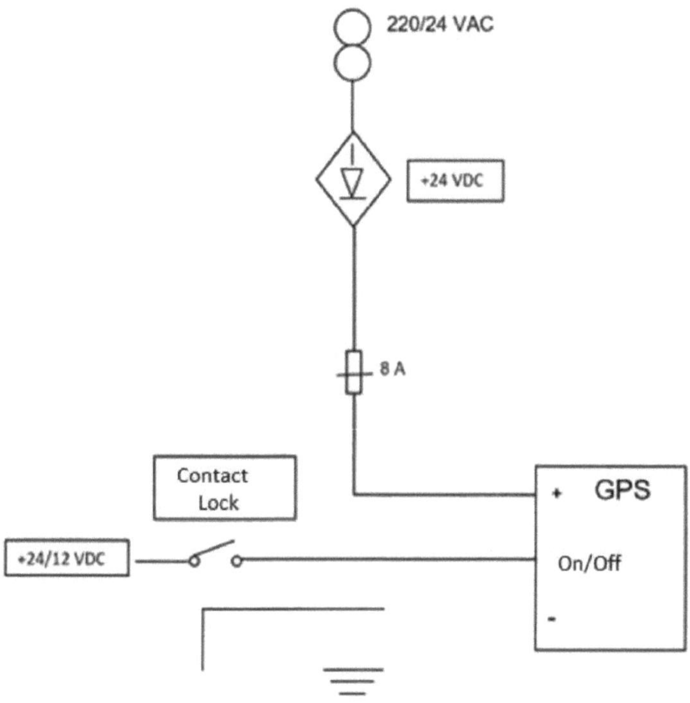

Figura 17. Esquema de ligação de um dispositivo de vigilância no caso de máquinas que não dispõem de tensão de 24/12 VDC [3]

As máquinas cujos dispositivos de vigilância e controlo são alimentados através de um transformador de 220724 V ficarão sem alimentação em caso de perda de tensão. Para evitar esta situação, é necessário que os dispositivos de vigilância e controlo tenham uma bateria integrada que garanta que o dispositivo possa funcionar mais tempo. Isto significa que um dispositivo precisa de ter a sua autonomia, pelo que, para além da bateria, necessita de memória adicional para armazenar as posições registadas e as informações dos sensores. Assim, em caso de perda de comunicação com um servidor, os dados são armazenados na memória do dispositivo AVL, para que, depois de restabelecida a ligação, a base de dados seja actualizada e os dados sejam transmitidos a partir do dispositivo AVL, permitindo assim a continuidade dos dados, bem como relatórios adicionais, material de prova, análise, planeamento...

4.7.2. Descrição técnica do terminal AVL

O terminal AVL é um conjunto de componentes electrónicos integrados necessários para o controlo georreferenciado e de telemetria das unidades móveis. A mina Lancaster está a utilizar vários tipos de terminais AVL de diferentes fornecedores. Estes terminais devem ser altamente fiáveis e sofisticados e destinam-se exclusivamente à instalação em equipamentos de carga e transporte, veículos de passageiros e outros equipamentos que sejam objeto de controlo por telemetria.

Essencialmente, o terminal AVL inclui o módulo GPS / GSM, o processador e a memória internos e o sistema operativo. Esta configuração representa um computador completo que oferece uma capacidade ilimitada de definição dos parâmetros. Para além destes componentes básicos, o terminal AVL deve incluir:

> Uma antena combinada GPS / GSM que é utilizada para receber sinais GPS e também fornece comunicação de alta qualidade na rede GSM,

> A sua própria bateria é alimentada pela instalação do equipamento supervisionado,

> Altifalante e microfone do kit mãos-livres para comunicação por voz durante o funcionamento,

> Vários sensores que são activados quando há uma alteração no estado dos parâmetros monitorizados.

o Sensor de consumo de combustível,

o Sensor que controla a velocidade do motor,

o Motores eléctricos com sensores de carga, etc.

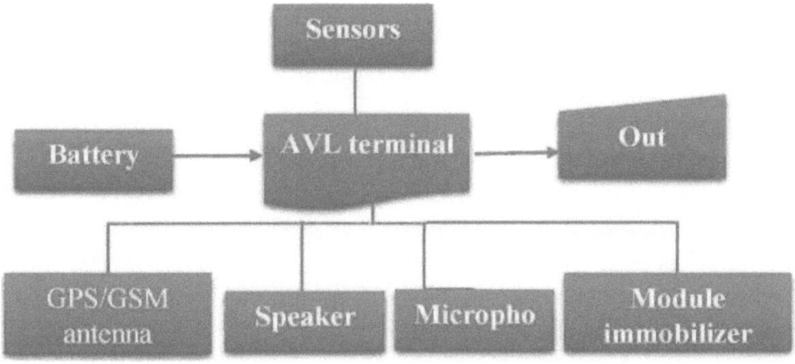

Figura 18. Diagrama de blocos do terminal AVL

A proteção contra curto-circuitos e sobrecargas é realizada por fusíveis e proteção contra sobretensões, sendo necessário que um dispositivo de localização tenha uma proteção contra sobretensões integrada. Na fase inicial foi utilizado o terminal AVL com caixa metálica, produzido pela FALCON. A sua imagem é apresentada de seguida. Após o problema da eletricidade estática, foi feita uma investigação mais aprofundada e, consequentemente, foram instalados novos dispositivos.

As suas caraterísticas são apresentadas na secção seguinte.

Figura 19. Apresentação do terminal AVL: www.falcom.de [10]

Algumas das funcionalidades básicas são:

> Localização, histórico, quilometragem, velocidade e monitorização da atividade do veículo

> Monitorização do comportamento do condutor (Eco-Drive)

> Registo e identificação do condutor

- Monitorização da temperatura
- Bloqueio da ignição à distância
- Geozonas internas
- Notificações de interferência
- Várias funcionalidades via SMS

Tabela 1. Caraterísticas de base Ruptela FM - Eco4

Módulo GPS/GLONASS	Ublox EVA-M8M
Bateria	Li-Po 190 mAh
Entradas digitais	4 entradas
Entradas analógicas	2 entradas
Saídas digitais	2 saídas
Memória interna	4 MB
Acelerómetro	3 eixos
1 Fio	1 - Ligar os periféricos
Configuração do firmware	Via aérea através de GPRS, USB ou SMS
Antena GSM	Interno
Fonte de alimentação	10 - 32 V CC
Temperatura de funcionamento	-30 +60 °C
Tamanho	82 63 x 28 mm

ACCESSORY	CONNECTION VIA
Temperature sensor	1-wire
Eco-Drive panel	DOUT
iButton reader	1-wire
Door sensor	DIN
Panic button	DIN
Ignition blocking relay	DOUT-DIN
Step detector	DIN
Buzzer	DOUT
LED	DOUT

Slika 20. A VL terminal Ruptela FM - Eco4: www.ruptela.com *[10]*

Algumas das funcionalidades de base do segundo terminal AVL são

- Dados em tempo real do GPS, Acelerómetro, etc.
- Monitorização do comportamento do condutor (Eco-Drive)
- Leitura do CANbus
- Monitorização da temperatura
- Registo e identificação do condutor
- Bloqueio da ignição à distância
- Monitorização do combustível
- Geozonas internas
- Notificações de interferência
- Várias funcionalidades via SMS

Tabela 2. As caraterísticas básicas são: *Ruptela FM Pro4*

Módulo GPS/GLONASS	Ublox EVA-M8M
Bateria	Li-Po 1050 mAh
Entradas digitais	4 entradas
Entradas analógicas	2 entradas
Saídas digitais	2 saídas
CANbus	FMS, J1708
RS232 / RS485	2 x RS232, 1 x RS485
Memória interna	4 MB (até 32 GB)
Acelerómetro	3 eixos
1 Fio	1 - Ligar os periféricos
Configuração do firmware	Via aérea através de GPRS, USB ou SMS
Antena GSM	Interno
Fonte de alimentação	10 - 32 V CC
Temperatura de funcionamento	-35 +55 °C
Tamanho	111 x 75 x 25 mm

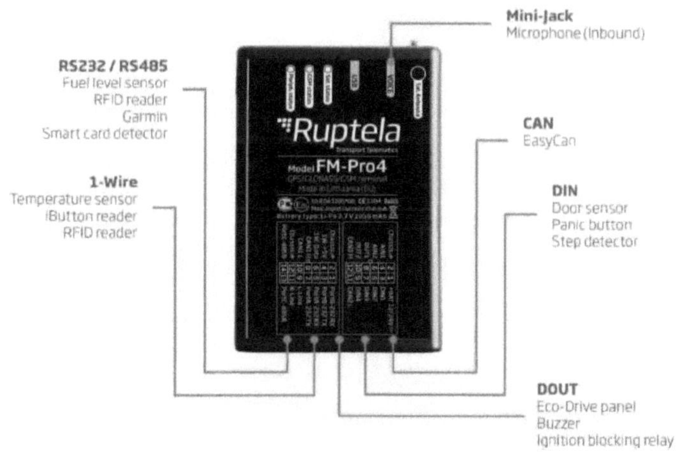

Slika 21. Terminal AVL Ruptela FMPro4: www.ruptela.com [10]

De tudo o que foi apresentado até agora, é evidente que, para além de um maior número de ligações, de uma maior memória e de modelos de segurança adicionais, os novos dispositivos oferecem uma maior possibilidade de ligação de diferentes sensores e fornecedores de informação, bem como a possibilidade de ligação a veículos que tenham CANBUS, no mesmo veículo, o que dá uma gama de opções, desde a leitura de várias informações, à sua manipulação e posterior procedimento de controlo.

1.1.3. Descrição técnica do servidor

O servidor deve incluir um desempenho de hardware adequado e um conjunto de soluções de software que funcionam num determinado sistema operativo e deve ter os seguintes elementos básicos

> módulo para comunicação TCP / IP com o equipamento monitorizado através de GPRS,

> módulo para comunicação SMS com o equipamento monitorizado através de VAS / SMSC,

> Módulo de visualização do ambiente do utilizador (servidor HTTP e WAP),

> base de dados adequada para "registar" a comunicação completa.

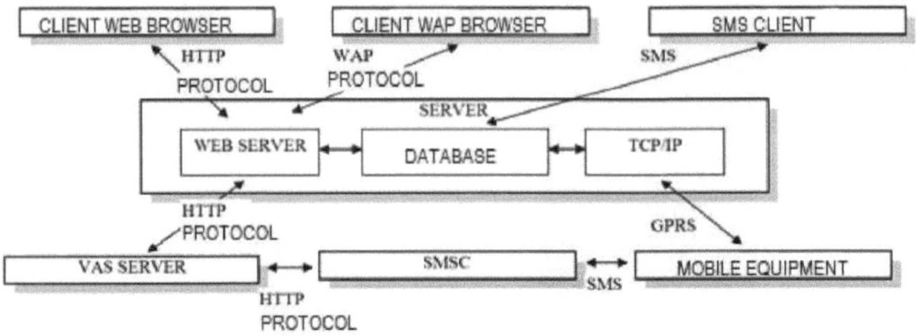

Figura 22. Módulo do servidor de esquemas [6]

O módulo para a comunicação TCP/IP com as máquinas através de GPRS deve ser implementado como uma porta TCP de escuta à qual o terminal AVL se liga a um endereço IP pré-determinado através do protocolo TCP para o canal de comunicação GPRS. O módulo de comunicação por SMS com o equipamento e a máquina monitorizados através do SAV/SMSC deve ser implementado como um conjunto de scripts "ASP" a executar no servidor Web e no SAV de uma mina e comunicar com o protocolo HTTP com o qual se recebe e envia (entrega) mensagens SMS ao terminal AVL. O módulo de visualização do ambiente do utilizador será implementado como uma aplicação moderna, do lado do servidor, constituída por elementos HTML estáticos e elementos gráficos, enquanto o conteúdo dinâmico é criado utilizando os scripts "ASP" que são entregues ao mesmo cliente Web sob a forma de XML. Do lado do cliente (navegador da Web), com a utilização de tecnologia moderna, serão processados os elementos da interface do utilizador. Um elemento especial da interface do utilizador será implementado através da apresentação de mapas e imagens de satélite aos quais será feita a divulgação ou georreferenciação da posição de carga e transporte e de outros equipamentos. O sistema permite a utilização de servidores de mapas publicamente disponíveis (Google, Yahoo, VirtualEarth), bem como do seu próprio servidor.

O mesmo cenário será utilizado para os clientes WAP, e as restrições que possuem a sua própria plataforma WAP em termos de elementos de interface com o utilizador. O módulo cliente SMS é responsável pela entrega de informação numa mecanização monitorizada e vigiada a pedido por SMS para os números GSM pré-definidos. Através deste ambiente irá receber os parâmetros básicos do equipamento a céu aberto e as leituras arquivadas. Utilizará o servidor de base de dados para arquivar todos os parâmetros relevantes que passam pelo sistema. Será utilizada para armazenar os parâmetros de configuração do sistema e do terminal AVL, informações básicas sobre os componentes rastreáveis, direitos do consumidor dos operadores e administradores.

Figura 23. Comunicação entre servidores e estações de trabalho de expedição

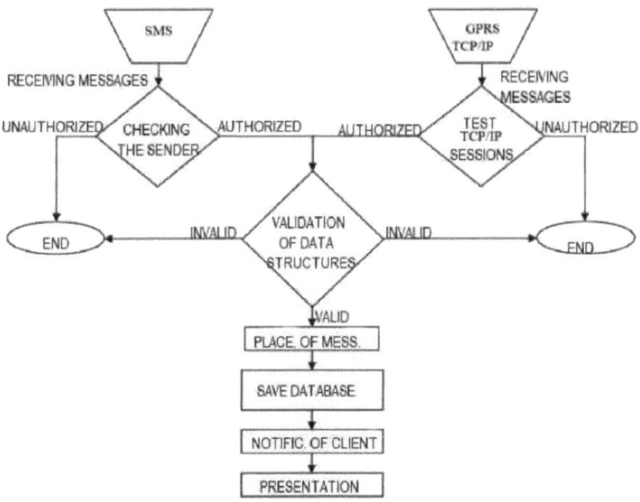

Figura 24. Diagrama de blocos do fluxo de dados no servidor [3]

4.8. SISTEMA DE INFORMAÇÃO GPS

O sistema de informação GPS como um sub-sistema de informação na RMU Banovici baseia-se na ideia de reduzir as despesas de exploração das máquinas, bem como de utilizar as medidas corretivas de precaução para assegurar a devida informação de alta qualidade que resultará num trabalho melhor e mais eficiente. O sistema foi concebido para recolher um grande número de dados sobre a mecanização, o seu trabalho e o seu atraso.

O sistema de informação para o controlo de uma frota de veículos baseado no GPS permite a vigilância, o controlo e a coordenação das unidades de uma frota de veículos. A vigilância simultânea de todas as unidades de uma frota motriz é de especial importância neste domínio. O sistema de vigilância de equipamentos móveis fornece os pressupostos para uma vigilância contínua das unidades de mecanização mineira que possuem um recetor GPS. Os dados sobre o movimento dos equipamentos de produção são memorizados de acordo com um modelo previamente estabelecido, e são depois utilizados para analisar o trabalho do equipamento. É possível memorizar a posição de cada ponto em que a mecanização (camião, escavadora, bulldozer, etc.) muda a direção do movimento, ou pode registar a sua posição para um intervalo de tempo constante, ou seja, um comprimento constante coberto. Juntamente com cada posição registada, é também registado o tempo. Dependendo do suporte do programa, é possível calcular os comprimentos 43

de secções entre as posições registadas, ou seja, a duração dos intervalos de tempo, e, ao mesmo tempo, a velocidade do movimento da mecanização numa cava em determinadas secções.

O sistema de informação GPS é completamente automatizado e não são necessárias pessoas para introduzir os dados na base. Todos os dados são introduzidos na base em tempo real. A vantagem deste sistema é que em qualquer momento se pode ver a posição da mecanização, a sua velocidade, atraso e trabalho eficiente, enquanto os dados não dependem das fraquezas subjectivas dos empregados e da sua entrada. O sistema GPS é efectuado exclusivamente por recursos pessoais, com base na plataforma obtida. A plataforma é feita pelo "GPSGate" em .NET ou JAVA, e a base de dados orientada para a Web, por exemplo, MYSQL, com todos os elogios em termos de segurança, estabilidade, oportunidades e apoio.[6] O GPS é, portanto, complexo e tem um potencial de certa atualização com os sensores que recolheriam adicionalmente informações como a temperatura do motor, a sobrecarga da máquina, os gastos de combustível, etc. Todas as informações são permanentemente armazenadas com cópias de segurança em servidores.

O objetivo deste sistema é facilitar a tomada de decisões a nível tático. Pode também integrar-se com alguns dos sistemas ERP. O acesso a este sistema de informação é concedido a todo o pessoal licenciado do Centro de Telemetria, bem como a alguns gestores e responsáveis pela manutenção, dependendo da sua autoridade sobre determinadas informações. Os dados estão localizados no servidor da base de dados que possui um backup no servidor dentro de um sistema de discos definido por RAID, e também externamente em um local distante via link ótico e em CLOUD. Além disso, no cluster existe outro servidor que serve de reserva ativa no caso de o primeiro servidor ficar fora de serviço devido à ativação de um dos factores de risco. Os servidores estão localizados em UPS que, para além da função de autonomia de trabalho em caso de cortes de eletricidade, também faz a filtragem da tensão e da eletricidade e assegura oportunidades de tensão adequadas.

O sistema de informação GPS também tem uma proteção ativa do ponto de vista da plataforma WAN e LAN, que é através de FIREWALL ligada a diferentes plataformas à Internet, diretório ativo e ordem de acesso dos utilizadores, como política de segurança no próprio servidor, desde o sistema antivírus até à criação da ordem de acesso dos utilizadores com base nas necessidades e análise e na utilização atual. Os sistemas GPS podem ser acedidos por diferentes utilizadores a partir de diferentes plataformas, diferentes sistemas operativos, diferentes dispositivos fixos e móveis, a partir de uma rede WAN ou LAN, que têm um utilizador e uma palavra-passe definidos, ou seja, um nível de acesso. A aplicação para o acesso ao sistema de informação GPS pode ser um navegador HTML básico e, portanto, é possível aceder a este sistema a partir de diferentes plataformas.

4.8.1. Tipos de relatório, opções de verificação e análise

O sistema de informação GPS na parte da aplicação oferece uma gama de opções que são vistas na secção Relatórios. As imagens seguintes mostram apenas algumas das opções oferecidas pela aplicação do sistema de informação GPS relativamente a Relatórios, acesso a dados, verificação e análise que representam a base de todo o planeamento. A imagem seguinte apresenta o Menu Relatórios com uma série de relatórios possíveis.

Figura 25. A escolha do menu na aplicação Relatórios, diferentes opções

A imagem seguinte apresenta a secção Personalizar do formulário Relatório, que pode ser ajustada para fornecer outro tipo de informação, sobre o veículo escolhido ou um grupo de veículos num determinado período de tempo. O exemplo deste Relatório é para o veículo com a placa B1 (camião amortecedor Belaz 1) entre as 7h e as 15h do mesmo dia, 8 de agosto de 2017, para um turno. Assim, obtemos dados, tempo de deslocação, tempo de paragem, distância percorrida, velocidade média e máxima. A partir deste relatório é possível determinar a utilidade desta unidade de transporte num determinado turno, a sua relação com o aspeto do cumprimento do limite de velocidade, e com base nesta informação é possível tomar certas medidas, dar sugestões para melhorar a exploração da unidade de transporte.

RMU Banovici

Name: Distance Distance Report

Period: 8. august 2017 - 8. august 2017

Car: B1

Date: 8.8.2017					
Start	**End**	**Duration**	**Distance**	**Avg Speed**	**Max Speed**
10:03:51 Radnička, Bosnia and Herzegovina	10:08:13 Banovići, Bosnia and Herzegovina	00:04:22	2 km	15,3 km/h	24,0 km/h
Idle: 00:21:54					
10:30:07 Banovići, Bosnia and Herzegovina	10:55:21 Banovići, Bosnia and Herzegovina	00:25:14	6 km	14,2 km/h	26,0 km/h
Idle: 00:38:21					
11:33:42 Banovići, Bosnia and Herzegovina	12:06:08 Unnamed Road, Bosnia and Herzegovina	00:32:26	8 km	15,2 km/h	32,0 km/h
Idle: 00:02:36					
12:08:44 Unnamed Road, Bosnia and Herzegovina	12:16:43 Vašarska, Bosnia and Herzegovina	00:07:59	2 km	13,4 km/h	23,0 km/h
Idle: 00:03:31					
12:20:14 Vašarska, Bosnia and Herzegovina	12:24:39 Unnamed Road, Bosnia and Herzegovina	00:04:25	2 km	22,0 km/h	30,0 km/h
Idle: 00:03:10					
12:27:49 Unnamed Road, Bosnia and Herzegovina	13:01:35 Unnamed Road, Bosnia and Herzegovina	00:33:46	7 km	14,7 km/h	35,0 km/h
Idle: 00:03:52					
13:05:27 Unnamed Road, Bosnia and Herzegovina	13:19:19 Unnamed Road, Bosnia and Herzegovina	00:13:52	4 km	15,7 km/h	32,0 km/h
Idle: 00:02:11					
13:21:30 Unnamed Road, Bosnia and Herzegovina	13:34:51 Unnamed Road, Bosnia and Herzegovina	00:13:21	4 km	16,2 km/h	27,0 km/h
Idle: 00:02:59					
13:37:50 Unnamed Road, Bosnia and Herzegovina	13:51:46 Unnamed Road, Bosnia and Herzegovina	00:13:56	4 km	15,5 km/h	30,0 km/h
Idle: 00:03:36					
13:55:22 Unnamed Road, Bosnia and Herzegovina	14:21:31 Banovići, Bosnia and Herzegovina	00:26:09	7 km	15,4 km/h	32,0 km/h
Idle: 00:56:04					
Distance 45 km	**Travel time** 05:13:44	**Max Speed** 35,0 km/h			

Figura 26. Relatório do movimento de um veículo escolhido num período escolhido

O relatório de determinados veículos para um período de tempo escolhido pode ser apresentado, gerado graficamente. A imagem seguinte apresenta o percurso do veículo escolhido Belaz 9, com as localizações no tempo dos atrasos, e, assim, é possível de uma forma clara e visual analisar os atrasos, justificá-los, tomar determinadas medidas corretivas para que os atrasos sejam reduzidos, e tudo isto com o objetivo de melhorar a produção. É também possível determinar se o veículo para o qual o relatório foi criado, se deslocou ao longo de uma rota definida, ou se houve alguns desvios, para determinar as razões dos atrasos, uma vez que, no caso de algumas circunstâncias imprevistas, tais como a perda de uma determinada quantidade de combustível, se o veículo foi parado em locais imprevistos que não são cobertos por um dispositivo de vigilância por telemetria (videovigilância), ou possíveis danos, é o empregado que não seguiu a rota definida e dinâmica que tem de suportar as consequências. Este tipo de relatório é utilizado para uma análise retrospetiva e para a adoção de medidas preventivas no futuro. É possível definir os percursos ou as áreas onde um veículo se desloca, pelo que, caso o veículo saia do percurso ou da área, é acionado o alarme e a informação é enviada para o centro de telemetria para vigilância, de modo a reagir a tempo. Isto pode ajudar significativamente a aumentar a segurança dos empregados e dos bens.

Figura 27 . Relatório gráfico do itinerário de deslocação de um veículo

Dentro da aplicação existe uma opção de marcação de espaços, com a opção Inside Geofence, onde são contabilizados os veículos que chegam a esse local, como se pode ver na figura seguinte.

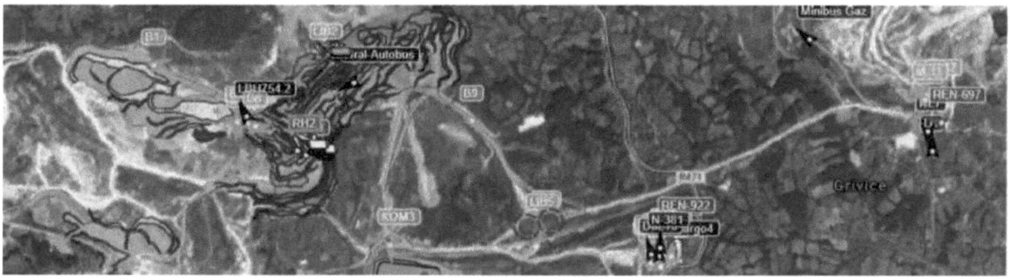

Figura 28. Marcação da localização do depósito de carvão

Esta opção dá a possibilidade de marcar as localizações dos depósitos de carvão e das sobrecargas, contar através de Geofence as rondas de carvão e de sobrecarga, verificá-las através do histórico e elaborar relatórios finais. Desta forma é efectuada a verificação das informações introduzidas manualmente relacionadas com a produção, bem como a sua comparação com o sistema de informação, que são recebidas diretamente dos funcionários do sector de produção. Uma vez que a produção de estéreis e carvão está associada a um estímulo e a um salário, existe a possibilidade de registo falso de rondas. No entanto, esta possibilidade é eliminada e o fator subjetividade é controlado através da automatização e do sistema de informação fiável.

Figura 29. Apresentação do historial da contagem das rondas de carvão e de sobrecarga

Em determinadas condições, especialmente em circunstâncias de risco para um empregado e bens, existe a possibilidade de utilizar o SOS taster, que fornece a informação de que um empregado ou bens estão em perigo. Esta situação exige uma reação imediata para evitar consequências indesejáveis. No caso de ser necessário determinar a responsabilidade, se os procedimentos definidos não foram seguidos, é possível verificar quando foi utilizado, se a utilização foi devida e justificada e quando a equipa reagiu.

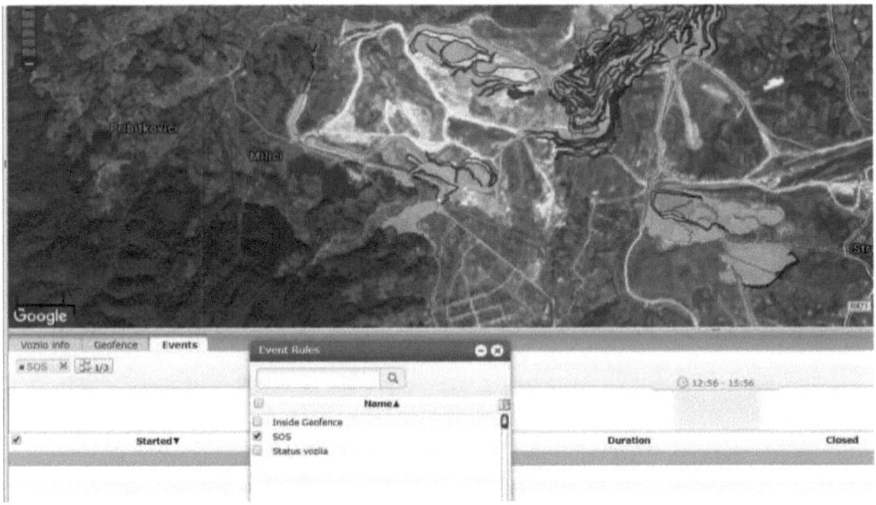

Figura 30. Apresentação da história do provador SOS

A aplicação também oferece uma apresentação mais detalhada do estado de um veículo, que é apresentada na imagem seguinte na parte Informações sobre veículos, selecionando Estado do veículo.

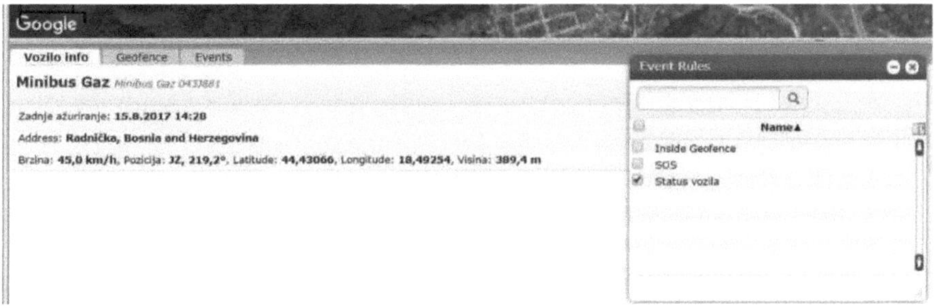

Figura 31. Apresentação da história do provador SOS

A implementação do sistema de informação GPS para registo do estado real dos percursos, cubando a sobrecarga, incluiu também a implementação do servidor para controlo de mapas, que já foi referido. A imagem seguinte apresenta a sua ativação. A importância desta apresentação de mapas actualizados reside na possibilidade de calcular o volume de massas escavadas e armazenadas, apresentar os percursos reais, os pavimentos, a dinâmica de trabalho, a direção das unidades de transporte em relação aos percursos definidos...

Figura 32. A escolha do mapa no Servidor de Mapas

Além disso, a aplicação dá a possibilidade de agrupar as viaturas vigiadas, o que é uma opção importante no centro de telemetria, onde podem ser dispostos diferentes grupos de viaturas na gama de canais, cuja função é uma melhor vigilância e controlo em tempo real. Esta opção é também importante para criar o acesso à vigilância dos utilizadores licenciados apenas a grupos de veículos ou a veículos individuais, o que, para além da clareza, beneficia também a segurança do Sistema de Informação, e em caso de consequências indesejáveis, ajuda a determinar qual dos utilizadores contribuiu para as mesmas.

Figura 33. Escolha do grupo da mecanização fiscalizada

4.9. A INSTALAÇÃO DE SENSORES DURANTE O CONTROLO DE PARÂMETROS ADICIONAIS

Para além da monitorização da localização GPS, é também necessário monitorizar outros parâmetros (consumo de combustível, velocidade do motor, sobrecarga dos motores de tração e de potência, etc.). Para recolher estes dados, o dispositivo tem de ter um número suficiente de fichas analógicas e digitais, no mínimo três fichas digitais e duas analógicas, que recolherão dados de um número de sensores que o processo de produção exige.

Para além da monitorização da localização GPS onde se encontra uma determinada máquina, existe a necessidade de monitorização de alguns outros parâmetros (consumo de combustível, monitorização da velocidade do motor, carga e acionamento do motor elétrico e afins). Isto pode ser conseguido através da instalação de sensores adequados que enviam dados para um dispositivo de localização. Para que esta informação possa ser recolhida por um dispositivo de localização, este deve dispor de um número suficiente de entradas analógicas e digitais.

O número mínimo de entradas que deve ter um dispositivo de rastreio é de 3 entradas digitais e 2 entradas analógicas, que receberão os dados do sensor quanto à quantidade necessária para o processo de produção.

4.9.1. Conjunto mãos-livres

No painel de controlo de comando seguido da máquina pode ser instalada uma chave através da qual o operador da máquina pode efetuar a ativação de uma chamada telefónica para um centro de controlo de número de telefone predefinido. A comunicação verbal, neste caso, é efectuada através do "kit mãos livres" instalado.

O conjunto contém um microfone e um altifalante ativo com uma ligação direta ao cabo de áudio KA13, KA15. Esta coleção fornece veículos de comunicação de voz de qualidade com o centro de expedição.

Figura 34. Conjunto mãos-livres [3] *Figura 35. Botão de pânico [10]*

O provador SOS pode ser realizado com a adição, sob a forma de um interrutor, que é ativado em situações que podem ter um impacto negativo na segurança dos bens e dos empregados. Pode ser configurado para funcionar automaticamente, ligado a um dos sensores, ou manualmente, dependendo da estimativa do operador.

4.9.2. Controlo do consumo de combustível

O controlo do combustível é feito através da monitorização do nível de combustível no depósito. O controlo inclui as seguintes estatísticas:

> Combustível no início do dia (turno)

> Combustível no final do dia (turno)

> Total de combustível irradiado

- Consumo médio por hora (l / h)
- Consumo médio por 100 quilómetros (l / 100 km)
- Combustível de entrada (dispersão)
- A saída de combustível (extração do reservatório).

Quando se monitoriza o combustível, há dois cenários possíveis, como se segue:

- A ligação e controlo do combustível ao sensor já existente (original se existir) e a sua integração no sistema de monitorização,
- Instalação de sensores capacitivos especiais.

Ao ligar a um sensor existente, cada depósito é calibrado especificamente para o nome, independentemente da produção de veículos na frota, o que permite uma medição precisa de 4%. A falta de sensor original é geralmente o que não é medido a partir do fundo 10% e 10% a partir do topo do tanque, e temos não-linearidade do inversor por isso não obtemos informações reais. Como forma de ter medições mais precisas são instaladas sondas capacitivas especiais para combustível que são ligadas ao dispositivo de GPS e desta forma permitimos a monitorização permanente do nível de combustível no depósito independentemente do estado do motor ligado/desligado. Este tipo de monitorização da sonda de combustível provou ser a mais exacta das medições com uma precisão de 12%. Desta forma, monitorizamos continuamente o consumo de combustível, sendo quase impossível a alienação de combustíveis. No centro de expedição da aplicação é possível separar gráficos para acompanhar o estado do combustível e observar eventuais irregularidades. É possível combinar os vários sensores numa única unidade móvel para transferência de dados, caso existam mais depósitos de combustível. A sonda de combustível é regulável em altura, o que significa que pode ser cortada em qualquer comprimento para que a profundidade do reservatório não seja um fator limitativo.

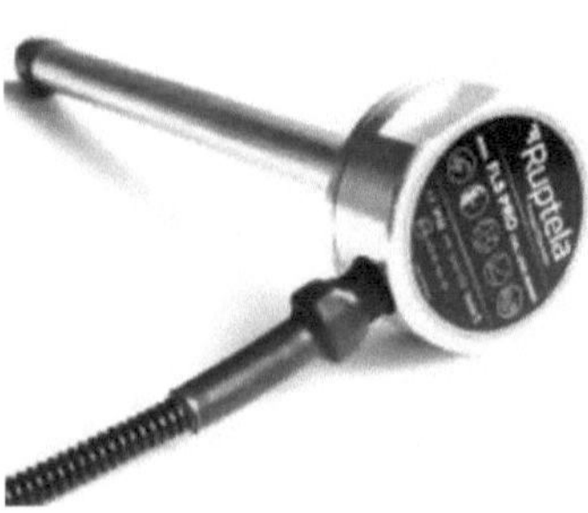

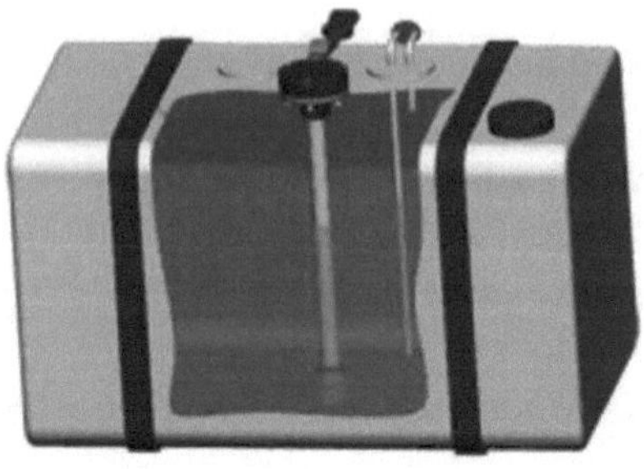

Figura 36. Sensor do nível de combustível[10] *Figura 37. Um sensor de capacidade [3]*

As imagens seguintes demonstram a possibilidade de apresentar o consumo de combustível selecionando a aplicação Consumo de Combustível no browser, bem como o gráfico de consumo de combustível que mostra as alterações visíveis das condições de combustível, desde o procedimento e o prazo de carga da cisterna, período de descarga e descarga atual, que representa uma circunstância não prevista (roubo de combustível). Para além da deteção, a aplicação está concebida de forma a que, após a deteção da descarga atual, envie a informação sob a forma de notificação (Alarme) para o ecrã do centro de expedição, sob a forma de SMS para os gestores do centro de expedição e para a Segurança através dos telemóveis, com o objetivo de organizar e tomar as devidas e adequadas medidas.

Figura 38. Apresentação na aplicação do navegador de consumo de combustível

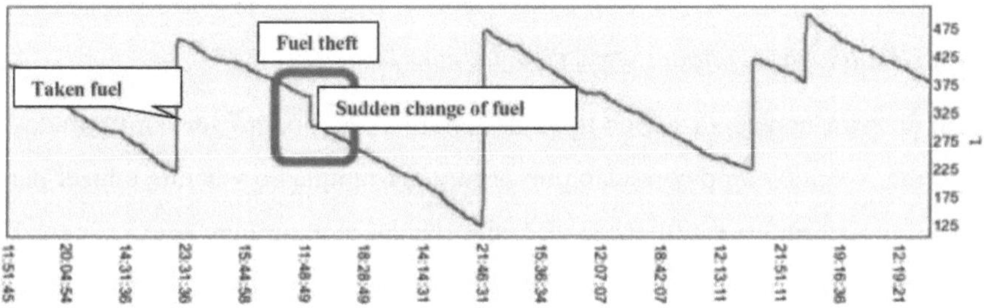

Figura 39. Gráfico de combustível: Relatório do autor sobre a aplicação do sistema de telemetria GPS para monitorização e gestão na UGR "Banovici" [3]

O sistema GPS de monitorização telemétrica pode ser implementado de forma a que, sempre que haja uma alteração súbita do estado do nível de combustível no depósito as informações enviadas ao servidor e aos veículos marcadores incluem uma mensagem de aviso para que o operador do centro de expedição possa reagir.

4.9.3. Controlo de outros parâmetros

No âmbito da futura implementação e desenvolvimento do sistema deve ser deixada a possibilidade de o terminal de programação e a instalação de sensores adicionais, monitores e controlo de outros parâmetros. Estes parâmetros podem ser informação sobre o número de rotações, carga eléctrica nas máquinas eléctricas (propulsão e motores eléctricos), previsão e imobilizador em determinadas unidades motrizes para proteção contra roubo, tudo dependendo das necessidades da mina, de forma a melhor utilizar e proteger o equipamento e obter melhores resultados.

Outras opções podem ser realizadas através da instalação dos sensores mencionados, dos fornecedores de informação, da adaptação do software e do estabelecimento de uma ligação fiável. As imagens seguintes apresentam algumas das opções.

Rfid reader

Driver Card Reader

Company Card Reader

Figura 40. Nekoliko vrsta citaca: www.ruptela. com [10]

A imagem anterior apresenta vários tipos de leitores, que podem ser configurados e instalados num veículo como condição prévia para o arranque do veículo, e fazer parte da proteção contra roubo e utilização não autorizada, assegurando que o veículo é utilizado para os fins definidos. A imagem seguinte mostra um relé para bloqueio do motor, utilizado como uma das medidas de proteção dos bens. Está ligado ao terminal AVL, e o bloqueio do motor pode ser ativado à distância, o que constitui um dos mecanismos de proteção contra o furto do veículo e a sua utilização não autorizada. A mesma imagem mostra a opção de ligação do terminal AVL ao CANBUS através do EasyCAN, que se realiza nos veículos que o possuem. Esta opção fornece muita informação a um centro distante, que pode ser utilizada para uma melhor vigilância.

Engine Block Relay

EasyCAN

Figure 41. Opções adicionais, bloqueio do motor, ligação CabBus [10]

A imagem seguinte apresenta exemplos de sensores adicionais, que podem fornecer informações sobre a temperatura do local de medição e o estado, ou seja, a posição da porta onde estão colocados.

Temperature sensor

Door sensor

Figura 42. Exemplo de sensores adicionais, sensores de temperatura, o estado da porta: www.ruptela.com *[10]*

4.9.4. O funcionamento do sistema de vigilância e controlo das unidades de transporte

O sistema de despacho é projetado de modo a exigir o mínimo de intervenção direta de um despachante. A atividade principal do despachante consiste em vigiar as actividades correntes dos trabalhos de mecanização e dos equipamentos na cava de superfície, sendo a sua intervenção necessária em caso de circunstâncias imprevistas e inesperadas.

O sistema de vigilância e controlo das unidades de transporte baseia-se em tecnologias de informação e de telecomunicações desenvolvidas com a integração de aplicações modernas:

> Sistema de Posicionamento Global (GPS),

> Comunicação sem fios (via rede de rádio, GSM e GPRS, 3G, 4G),

> Tecnologia de rede (Internet, wap, ethernet, ótica, sem fios, WiMax),

> Tecnologias GIS (redes vectoriais de estradas),

- Sistema de informação (SUBP, aplicação servidor e cliente, pedido do utilizador...),
- Aplicações servidoras e clientes,
- Hardware,
- Sistema de proteção, etc.

5. APLICAÇÃO DA VIDEOVIGILÂNCIA

5.1. PLANEAMENTO DA VIDEOVIGILÂNCIA

Antes de tomar uma decisão sobre a implementação da videovigilância, é necessário cumprir as condições prévias que constituem a parte básica do processo de planeamento. Estas condições prévias incluem componentes legais, técnicas, económicas e organizacionais, e é principalmente importante ter em conta as razões para implementar a videovigilância. Um investidor tem de considerar o objetivo da implementação da videovigilância, os resultados desejados, as leis, e só depois de criar o estudo de viabilidade técnica e a justificação económica é que se pode começar com a documentação do projeto e a implementação do projeto. O estudo tem de responder a uma série de questões, tais como o valor dos bens que precisam de ser protegidos; se se trata da proteção de pessoas e de processos empresariais, em caso afirmativo, é necessário estimar os seus benefícios e obrigações do ponto de vista dos procedimentos e normas legais no âmbito das actividades empresariais conduzidas; como oferecer uma solução óptima. As questões técnicas a que é necessário dar resposta são: as condições de iluminação; a forma como as câmaras devem ser colocadas em relação ao fluxo de luz; o que as câmaras vão vigiar (de forma ampla, direcionada ou se é necessário virar); que lentes escolher para as câmaras; determinar o tipo de alimentação e prever a proteção contra energia indesejável, atmosfera e outros tipos de destruição; que tipos de cabos utilizar para a alimentação e transmissão de dados e para garantir a ligação à terra adequada; determinar a forma, a duração da gravação, o formato, a qualidade, a compressão, a resolução e a velocidade. É igualmente necessário incluir limites como o orçamento, o tempo, os obstáculos jurídicos, a organização, a exploração, a análise técnica (as infra-estruturas existentes, como a rede informática e as infra-estruturas de segurança) dos recursos existentes (humanos, materiais).

Todas estas questões podem ser vistas de uma perspetiva económica se a videovigilância for utilizada para aumentar a segurança dos bens e do processo de trabalho. No entanto, se for necessário utilizá-la para aumentar a segurança das pessoas, dos empregados, é necessário determinar que, para além das razões económicas, existem também obrigações legais e morais, porque preservar a vida de uma pessoa é igual a preservar toda a espécie humana, ou seja, não tem preço.

5.2. TÉCNICAS AVANÇADAS DE VIDEOVIGILÂNCIA

As novas gerações de câmaras de rede desempenham um papel central no processamento de funções muito importantes da videovigilância (deteção avançada de movimentos e de objectos deixados para trás, assinatura digital de sinais de vídeo, mensagens de voz de aviso...), libertando o servidor central; a parte livre do recurso pode então ser utilizada para a gestão avançada do software. A deteção avançada de movimentos numa imagem funciona com base no princípio da comparação e análise inteligente dos últimos 15 fotogramas da imagem e do fotograma atual, com base no qual é tomada a decisão de deteção. Esta abordagem é mais bem sucedida na remoção do ruído circundante, o que resulta numa deteção mais precisa, influencia a libertação do servidor central e reduz os custos das capacidades de transmissão. As novas câmaras IP podem detetar os objectos deixados para trás e o processamento central destas informações é feito com estas câmaras, o que, mais uma vez, reduz o tráfego e a sobrecarga do servidor. Após a deteção dos objectos deixados para trás e o seu processamento num tempo de análise predefinido, o operador é alertado. A implementação do novo sistema de assinatura de um sinal digital permite uma comprovação significativamente mais segura da autenticidade do vídeo (pertence a essa câmara num determinado período de tempo) e a verificação da integridade do conteúdo da câmara (deteção de alterações de um pixel numa imagem), o que deu a possibilidade de colocar a videovigilância em função dos regulamentos legais, bem como o funcionamento do próprio sistema de videovigilância no âmbito da lei. Uma das novas técnicas é a distribuição simultânea de vários fluxos (MPEG4, H.264, MJPEG), designada por motor multi-codec, cujo objetivo é reduzir a ocupação dos meios de transmissão. Pode verificar-se que a compressão MJPEG continua a ser um padrão nos sistemas de transmissão digital (para garantir o armazenamento e as exigências de assinatura digital), embora seja dado um papel significativo ao alcance da transmissão. Este problema é reduzido através da utilização de um motor multi-codec.

Figura 43. Marcação de objectos durante a deteção de movimento

A norma de transformação digital visa uma transição completa para a infraestrutura digital e toda a videovigilância digital em relação a um sistema híbrido com o analógico, o que é economicamente justificado. Para esta abordagem, é importante criar uma infraestrutura de rede sistémica que seja capaz de suportar o desenvolvimento de novas possibilidades no contexto da infraestrutura, da mobilidade das câmaras através da infraestrutura wi-fi, dos modelos de proteção e segurança da informação e do sistema como um todo, bem como da comunicação imediata com o servidor, o local de armazenamento e o centro de expedição em ambos os sentidos.

A maior vantagem das câmaras digitais é o facto de se continuar a desenvolver com base neste conceito. As novas câmaras digitais podem ser alimentadas através da infraestrutura LAN, Power over Ethernet (PoE), cartão PC para armazenamento local de dados em cartões flash (opção em caso de sabotagem na rede), opções de comunicação adicionais com um cartão sem fios, possibilidade de aceitar e reproduzir gravações de som. Existem melhorias nas câmaras móveis, tais como mecanismo móvel baseado na tecnologia servo, técnicas avançadas de processamento de imagem que permitem uma imagem clara e nítida de objectos em movimento, adição de armazenamento de gravações pré/pós-alarme, possibilidade de vigilância áudio a partir de um local distante, implementação de tecnologias de varrimento progressivo, deteção integrada de movimento numa imagem... Algumas das câmaras são realizadas como câmaras móveis de rede com um servidor Web integrado, que pode ser ajustado a vários modos de funcionamento e com os seus motores pode controlar a gravação de uma área mais vasta. Devido à qualidade da ótica, podem distribuir o material, gravado na memória interna ou transmitido por wi-fi, numa vasta área. Estas câmaras podem substituir um maior número de câmaras, o que é adequado devido à manutenção, ao consumo de energia, à impercetibilidade e ao investimento. É importante que o software de vigilância esteja em coerência com as possibilidades que as câmaras têm, e que estejam em interação com a base, e implementação de mensagens e ligação com alarmes e/ou os elementos de inteligência artificial, com o objetivo de maximizar a utilização e eficiência do sistema.

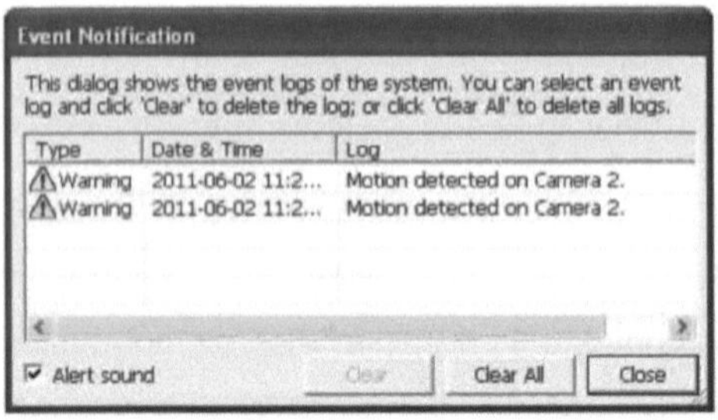

Figura 44. Notificação de eventos - movimento estabelecido

Verificam-se também avanços significativos nas diferentes possibilidades de ajuste das câmaras em diferentes intervalos de tempo e em tempo real, processamento, gravação e pesquisa mais rápida. O desenvolvimento de um servidor num protocolo aberto (API) dá a possibilidade de integração com outras aplicações, como dispositivos POS, controlo de acesso e roubo, enquanto a compatibilidade com os sistemas de armazenamento de dados oferece a possibilidade de implementar computadores de clientes com todas as possibilidades do servidor principal, bem como a elevada segurança de acesso à aplicação.

Para além de serem utilizados para a autenticação de objectos, os softwares de vigilância e armazenamento podem também ser utilizados para um maior desenvolvimento no domínio da vigilância do tráfego e do conceito de "atração web", cujo objetivo é promover espaços registados e fornecer informações de acompanhamento e informações interessantes para o espaço promovido e apresentado em tempo real. Estes conceitos são utilizados principalmente como museus virtuais, instalações artísticas, informadores turísticos, mas também para informar sobre as condições das estradas e, se integrados em telemóveis, permitem o envio de dados importantes aos utilizadores de telemóveis. A "atração da Web", como complemento do software combinado com uma câmara rotativa, pode ajudar a criar um cartão virtual, que é criado para posições predefinidas utilizando a Internet e plataformas móveis. Pode ser comunicado com os utilizadores finais em tempo real e pode também servir para promover uma cidade, museus virtuais, marinas, obter informações de acompanhamento... Recentemente, numerosas câmaras dispõem de um maior número de lentes que registam o espaço em 360° com o objetivo de criar realidade virtual (RV). As técnicas avançadas de videovigilância utilizam software que permite a leitura de mapas electrónicos no sistema, a fim de marcar a localização das câmaras IP. Desta forma, é possível ligar visualmente as câmaras IP e receber avisos quando algo acontece numa das câmaras IP. Os ícones de uma câmara IP só estão disponíveis se a câmara IP for configurada pela primeira vez num gravador de vídeo em rede (NVR).

5.3. UTILIZAÇÃO DA VIDEOVIGILÂNCIA PARA VIGIAR E CONTROLAR

O objetivo da implementação da videovigilância com o centro de telemetria é garantir:

- Reforçar a segurança dos trabalhadores no processo de produção;
- Prevenir os roubos;
- Vigilância e controlo do processo de produção;
- Monitorização dos pontos críticos das unidades através de câmaras de videovigilância;
- Integração dos elementos de videovigilância de todas as unidades num único sistema;
- Gravação (armazenamento) de vídeos de videovigilância durante um período de tempo estabelecido pela lei;
- Ligação organizacional e técnica com as restantes partes da empresa com o objetivo de realizar medidas de proteção a nível operacional, tático e estratégico;

• Vigilância e controlo a partir de um ponto central de vigilância;

• Notificações, administração e otimização nos locais responsáveis. Durante a elaboração da documentação do projeto, foi necessário ter em conta a situação real em termos de aspectos de segurança, recursos existentes, regulamentos e tendências, infra-estruturas e objectos. A implementação deve ser direcionada para a realização dos objectivos acima mencionados, com limites claramente definidos (orçamento, tempo, recursos, leis...).

Os locais de videovigilância planeados ou implementados na RMU Banovici são 1. unidade de trabalho "Besin";

2. Unidade de trabalho "Armazenamento de pólvora";
3. Unidade de trabalho "Armazenagem central";
4. Unidade de trabalho "Cubric";
5. Sede da RMU;
6. Unidade de trabalho "Grivice";
7. Unidade de trabalho "Armazenamento de alimentos";
8. Unidade organizacional Omazici;
9. Unidade organizacional Separacija;
10. Unidade organizacional "Transporte ferroviário".
11. Vários locais de controlo do processo de produção com ferramentas de acompanhamento;
12. Integração no sistema de vigilância central e no centro operacional.

Todos estes locais dispõem de infra-estruturas e objectos necessários - espaço para a colocação de equipamento de videovigilância.

A infraestrutura inclui:

• Acesso às vias de passagem dos cabos (acesso às vias de colocação dos cabos);
• Acesso aos pontos de ligação da rede informática local;

- Acesso aos pontos de ligação para a distribuição de energia eléctrica;
- Acesso a pontos de ligação para a realização de potenciais de eqaulling;
- Acesso aos locais de instalação da videovigilância;
- Acesso aos locais de instalação dos equipamentos activos e passivos da rede. [6]

Todos os equipamentos de videovigilância são colocados em caixas de instalação adequadas, que, para além de garantirem as condições microclimáticas necessárias, protegem de acessos não autorizados aos equipamentos de videovigilância e protegem de condições climáticas negativas, poeiras... Para além da infraestrutura de comunicação, implementada dentro da rede informática ao nível da empresa, que é também utilizada por outros serviços e utilizadores das TIC, constituída por ópticas, cabos UTP/FTP/STP e respectivos equipamentos e protocolos, foi também necessário que cada câmara dispusesse de um cabo ótico e/ou cabo FTP/STP, que, para além de transmitir informação, efectua também o fornecimento de energia (Power over Ethernet). Cada local com a videovigilância implementada possui ainda dispositivos e equipamentos de videovigilância tais como switches L3 e L2 com suporte para SPF ou conversores de media (MC), para ligação com ópticas (SPF), dispositivos para alimentação ininterrupta de energia (UPS), câmaras IP com a objetiva, caixas diversas para montagem dos equipamentos, gravador de vídeo de rede 8/16/24 canais, equipamento de backup. O equipamento do sistema é composto por computador central de controlo com software, monitores e software para controlo centralizado e vigilância do sistema de videovigilância.

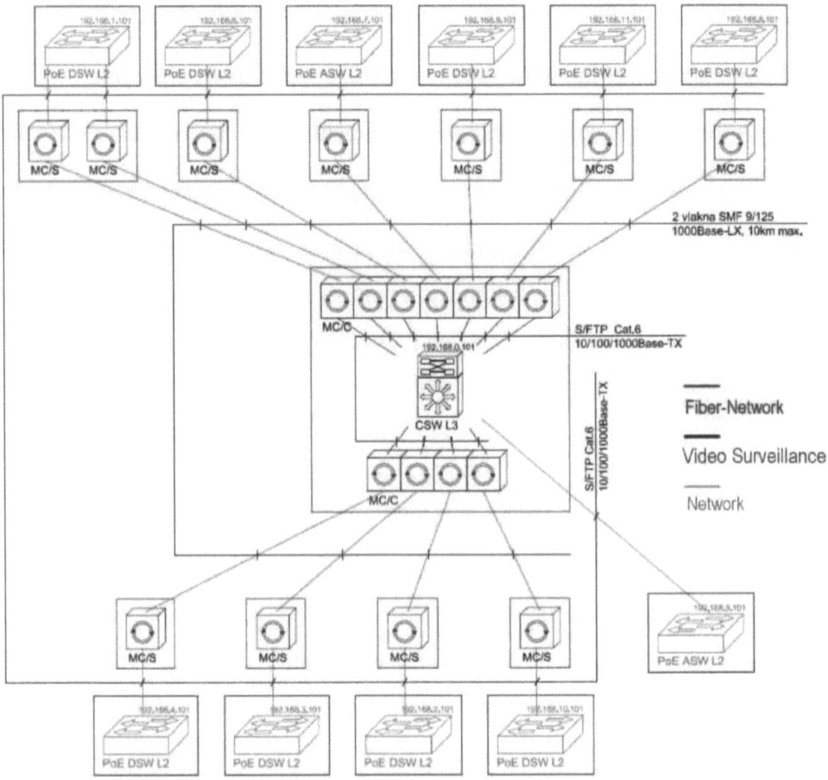

Figura 45. Infra-estruturas, videovigilância, redes ópticas e informáticas [7]

5.4. APLICAÇÃO DA VIDEOVIGILÂNCIA PARA A SEGURANÇA DOS EMPREGADOS E DOS BENS

Na RMU Banovici foi implementado um sistema de videovigilância em vários locais que, através de uma infraestrutura de rede, estão integrados num sistema de vigilância integral, que está ligado ao servidor e ao centro de vigilância e controlo em tempo real.

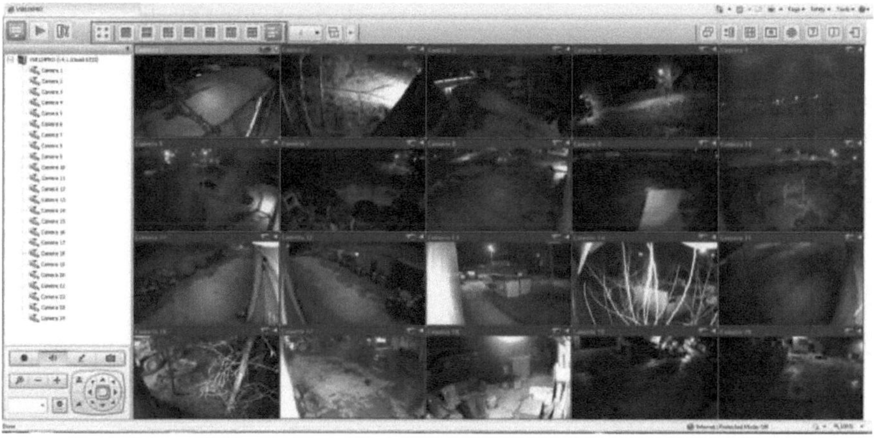

Figura 46. Câmaras na envolvente do software em diferentes locais

O sistema de videovigilância é um sistema complexo que consiste nos seguintes elementos: Câmaras IP; caixas IP66 próximas das câmaras para instalar o divisor PoE e as ligações com as câmaras IP; cabos LAN que transferem o sinal das caixas IP66 para as caixas locais; caixas locais para diferentes conversores, adaptadores PoE, dispositivos para fornecimento ininterrupto de energia, interruptores e cabos de ligação adequados; linhas de fibra ótica que transferem o sinal das caixas locais para os conversores multimédia numa caixa de rack na sala do servidor; caixa em bastidor na sala dos servidores, onde se podem colocar patch pannels para as linhas de fibra ótica, condutas de cabos, QNQP NVR (Network Video Recorder), chassis com conversores multimédia e unidades de alimentação correspondentes; cabos LAN das salas dos servidores para o centro de expedição; videowall no centro de expedição composto por 12 monitores profissionais, com um tamanho de 42", organizados em duas unidades de 6 monitores (4+1+1); dois computadores separados que estão ligados ao QNAP NVR na sala dos servidores com cabos LAN, e cada um deles envia o sinal de vídeo da videovigilância para seis monitores. A manutenção deste sistema de videovigilância é muito complexa e inclui a manutenção de cada um dos elementos mencionados anteriormente. Além disso, também é necessário analisar a influência do fluxo de dados na ocupação da largura de banda. As câmaras actuais utilizam principalmente as normas MPEG4 e JPEG para a transmissão do sinal digital durante a monitorização e gravação simultâneas em tempo real, com uma velocidade máxima de 30 fps (fotogramas por segundo) e uma resolução de imagem de 640x480. A largura de banda máxima necessária para receber a imagem em direto e gravar a imagem com os parâmetros acima referidos é de 5 Mbps. No local do centro operacional e da central de videovigilância, através do software do sistema de controlo e vigilância, é possível a monitorização simultânea em tempo real de 72 câmaras de videovigilância. O centro operacional está localizado na localidade de Besin. Os comutadores de distribuição L2 (Managed Switch) estão em todas as localidades através de fibras ópticas SM de velocidade de transmissão de 1 Gbps ligadas ao comutador central L3 (Core Switch). O sistema de videovigilância em Besin é composto por 20 câmaras IP que estão ligadas a um servidor adequado, ao qual se acede a partir de um computador no centro de vigilância e controlo.

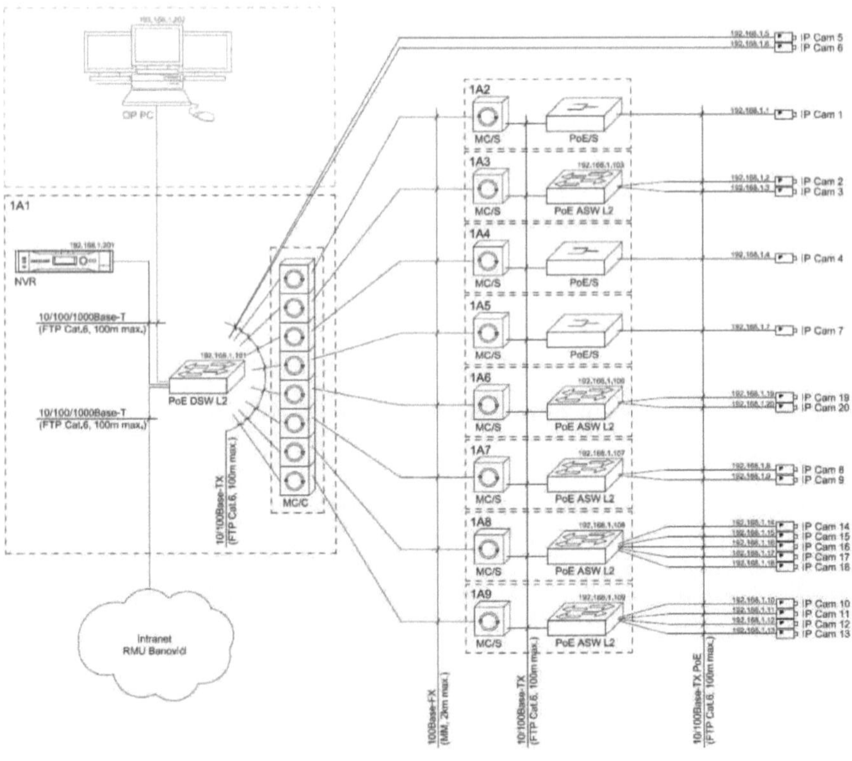

Figura 47. Videovigilância na localidade de Besin e ligação com o centro de vigilância e controlo [4]

5.5. UTILIZAÇÃO DE UM SISTEMA DE VIDEOVIGILÂNCIA PARA VIGIAR E CONTROLAR A PRODUÇÃO

Para assegurar a vigilância, é necessário e suficiente integrá-la com componentes TIC. No entanto, para o processo de controlo é também necessário assegurar a comunicação entre sensores, actuadores, controladores lógicos programáveis, e estes sistemas, juntamente com a videovigilância, devem ser realizados sob a forma de sistema SCADA (*Supervisory Control And Data Acquisition*). A integração do sistema SCADA com a videovigilância, para além de utilizar sensores comuns, também utiliza a infraestrutura das TIC e pode ser realizada através de uma aplicação comum. Para mostrar os parâmetros comuns do sistema de controlo e vigilância dentro de uma aplicação comum para vigilância e controlo (SCADA) são utilizados controlos ActiveX, com os quais é possível controlar, no contexto dos parâmetros, a entrada de informação, posicionando-os dentro de ambientes gráficos. Ambos os sistemas utilizam plataformas Ethernet comuns e protocolos IP para controlo da comunicação através de uma infraestrutura de rede comum [1]. Para a apresentação destes dados são criadas envolventes independentes da plataforma de desenvolvimento, tais como páginas HTML e CMS. Para aceder à criação desta aplicação é necessário criar o projeto baseado em HMI (Human Machine Interface), que possui um ambiente gráfico com elementos de controlo. Além disso, existe comunicação e troca de informações entre computadores e câmaras, com dois tipos de dados, que podem ser determinados como fluxo de vídeo e imagem fixa. A imagem em movimento serve para a vigilância por vídeo e permite ao operador ter uma visão das partes importantes do processo vigiado em tempo real (vigilância do processo de produção). A imagem fixa serve principalmente para o operador comparar alterações e possíveis erros no processo de produção sob vigilância. Estas aplicações utilizam sobretudo computadores de secretária, um conjunto de comandos, parâmetros para iniciar projectos, etiquetas e código VBA ou JavaScript. Na prática, no sistema de automatização da produção, o operador só pode ver o ambiente de trabalho final, enquanto todas as outras actividades são executadas automaticamente, o que minimiza os erros humanos. Utilizando o controlo ActiveX é possível criar uma aplicação que através de videovigilância vigia o processo em tempo real, e com comandos através de PLC, sensores e actuadores escolhe comandos, como parar ou mover, acelerar ou abrandar... As caraterísticas desejadas têm de ser gravadas na memória para que possam ser colocadas no controlo ActiveX. Se os mesmos comandos forem utilizados frequentemente, podem ser armazenados num subprograma (macro) para melhorar o processo de controlo e vigilância. O controlo de vídeo consiste na comparação de uma nova imagem com uma imagem de referência, ou seja, comparar a intensidade da cor de cada ponto da nova imagem com uma imagem de referência. As câmaras actuais, por si só, possuem a capacidade de detetar alterações na imagem, e a utilização destas câmaras descarrega o computador com a aplicação SCADA, descarrega a infraestrutura de rede, reduz o tempo de processamento, o que torna todo o sistema mais rápido, mais eficiente, mas também mais caro.

Figura 48. Vigilância e controlo do transporte de carvão

5.6. ESCAVADORA DE TRABALHO DE VIDEOVIGILÂNCIA

O objetivo da videovigilância com recurso a câmara de banda larga montada nas escavadoras é transferir as imagens da escavadora escavada para o centro de expedição, de modo a proporcionar um controlo visual da sala no âmbito do funcionamento da escavadora, uma maior segurança do operador e do equipamento e um aumento da produtividade do software. Devido às condições específicas em que opera, todos os equipamentos utilizados no sistema de videovigilância de veículos devem possuir proteção contra vibrações e choques (sistema de amortecedores) e resistência à água humidade e poeiras classe IP 66. Os avanços nas tecnologias de informação permitiram que o cliente do sistema de CCTV, através da rede Wi-Fi ou 3G/4G, tivesse acesso ao estado da máquina e à sua posição (imagem e som) em tempo real.

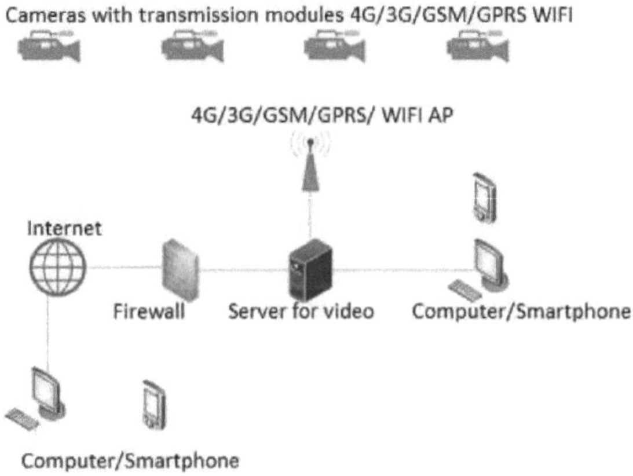

Figura 49. Esquema do sistema de videovigilância: Projeto do autor em "RMU Banovici"[4]

5.7. INTEGRAÇÃO DA VIDEOVIGILÂNCIA E DAS FERRAMENTAS DE ACOMPANHAMENTO

O centro de telemetria para vigilância e controlo que integra a videovigilância e os componentes de acompanhamento para a segurança das pessoas, dos bens e da produção está implementado na localidade de Besin. Cada local possui um NVR local. A carga máxima de largura de banda da LAN entre as câmaras de vídeo e um comutador de acesso L2 e um comutador de distribuição L2 é de 25%. A carga máxima da largura de banda da Intranet da UGR e da LAN entre o RNV e o comutador de distribuição L2 é de 10%[4]. A ligação entre o comutador de distribuição L2 na localização de Besin e o comutador central L3 na localização da sede da UGR é efectuada com 2x1000 Base - LX em fibra ótica SM, o que dá uma capacidade total de

LAN entre estas duas localizações de 2 Gbps (2000 Mbps). O software do sistema de videovigilância permite a um operador a vigilância simultânea de 72 câmaras de videovigilância (acesso direto a uma câmara ou acesso via NVR). Também é possível ter acesso à monitorização em direto da imagem das câmaras através de um navegador Web, com a abordagem direta à câmara (através do endereço IP) ou ao gravador correspondente (NVR ou DVR). Partindo do pressuposto que serão gravadas 24 horas por dia as imagens de todas as câmaras para os respectivos gravadores, e que haverá uma monitorização constante de 72 câmaras, pode concluir-se o seguinte: a carga máxima de largura de banda da rede local entre o comutador de distribuição L2, no local do Centro Operacional, e o comutador central L3, no local da Sede, será de 360 Mbps (72 x 5 Mbps) [4], para as necessidades de monitorização das imagens das câmaras. Se o operador também utilizar um navegador Web para monitorizar câmaras adicionais, cada câmara adicional utilizará 5 Mbps de largura de banda, o que nos leva a supor que o montante total da largura de banda utilizada será de 360 Mbps, o que representa cerca de 19% da capacidade de largura de banda entre o Centro Operacional e a Sede. Considerando o pressuposto de que, num determinado momento, todas as câmaras de uma localização podem ser monitorizadas através do software de vigilância, a ocupação da largura de banda pode ser duplicada em determinadas localizações (gravação de imagem + monitorização em direto), o que resulta na duplicação da ocupação da largura de banda da LAN de determinadas localizações, da Intranet RMU e da LAN entre o NVR e o comutador de distribuição L2.

Na maior parte dos casos, com as câmaras, existe também o software para o seu controlo, bem como os outros componentes, servidores, rede informática, centro de distribuição e equipamento de acompanhamento. No entanto, para sistemas de videovigilância de maior dimensão, que são combinados com outros sistemas de informação, bases de dados, sistemas de controlo, é necessário escolher, desenvolver e implementar o software integral de vigilância e controlo em tempo real, o que garantirá uma maior fiabilidade, eficácia e eficiência destes sistemas. Ao escolher e implementar estes softwares, é importante observar e reconhecer os seguintes benefícios a adaptabilidade (suporte de uma grande quantidade de equipamentos), a liberdade de escolha (suporte de diferentes plataformas de câmaras de vídeo), a fiabilidade, firmeza e estabilidade (referência), o potencial de utilização eficiente das redes IP existentes, o armazenamento económico de dados (velocidade mínima, otimização, espaço mínimo), o desempenho extraordinário, o acesso remoto flexível (compatível com diferentes plataformas), a abertura da construção sob condição do nível de segurança alcançado, o licenciamento por canal de vídeo, câmara, a exportação rápida do material gravado, a garantia de atualização para os próximos dispositivos, i. e., está em constante desenvolvimento a partir de agora.Ou seja, está em constante desenvolvimento do ponto de vista do apoio e da segurança, com a possibilidade de diferentes relatórios e análises. O software integral para a vigilância e o controlo à distância, utilizando a videovigilância e outros sistemas, deve dispor de ferramentas ou, pelo menos, de uma coordenação com as ferramentas de manutenção do sistema, de uma integração de qualidade, de uma administração regular, preventiva e corretiva, de diferentes opções de operações à distância, de uma pesquisa rápida e rica, de uma exportação, da segurança dos dados e de todo o sistema.

O projeto, apresentado através do estudo de caso, afirma que o software adquirido e implementado é "de marca".

A segurança da videovigilância e dos dados reveste-se de especial importância e torna-se um desafio ainda maior, devido à utilização mais frequente das tecnologias TIC, ao aumento contínuo dos conhecimentos nesta área, ao aparecimento de diferentes ferramentas de software, bem como ao aumento do valor e da importância destes sistemas na vida quotidiana, à possibilidade de danos em caso de efeitos indesejáveis do ponto de vista da segurança e da proteção. As medidas de proteção ao nível da infraestrutura das TIC consistem essencialmente na implementação da firewall do sistema e da firewall ao nível dos servidores e das câmaras, dos sistemas de autenticação e de inscrição, que servem para definir os direitos de acesso e a codificação, respetivamente. A autenticação é feita ao nível do servidor e das câmaras, com direitos e papéis definidos no acesso a determinados recursos ou ao sistema. A codificação é feita através da utilização de esquemas e regras para codificar os dados que são transmitidos através da infraestrutura das TIC. Algumas das técnicas de codificação disponíveis são SSL, WEP, WPA, sendo as duas últimas utilizadas para comunicações sem fios. A utilização do SSL requer a instalação de um certificado HTTPS no computador. Um dos mecanismos de segurança destes sistemas é também a VPN (Virtual Private Network), que é criada como um túnel de segurança para a transmissão de dados entre dois pontos de transmissão. A firewall tem normalmente integrados sistemas de autenticação, autorização, antivírus, antispam, filtragem de tráfego, endereço IP, controlo de certificados, IDS (Intrusion Detection System) e IPS (Intrusion Prevention System) para todos os utilizadores, aplicações e protocolos, que são controlados através da definição de políticas de segurança ao nível da firewall, do servidor do sistema operativo e/ou das câmaras de vídeo. O acesso requer normalmente a utilização de contas de utilizador com um login e uma palavra-passe. A palavra-passe tem de conter mais de oito caracteres, incluindo diferentes caracteres, símbolos e números. Para a autenticação do acesso, podem ser utilizados scanners digitais e biométricos, bem como cartões inteligentes. É igualmente importante garantir que os computadores que têm acesso a este sistema estejam actualizados com proteção antivírus e antispam e que, ao acederem a este sistema durante a autenticação, sejam verificados para efeitos de reforço dos níveis de segurança. É importante estabelecer uma política de segurança com direitos e responsabilidades claramente definidos, assegurar os recursos necessários, realizar actualizações constantes de softwares e hardwares, desenvolver a consciencialização dos utilizadores e trabalhar constantemente na área da segurança. É preciso explorar constantemente os riscos potenciais e investir em novos conhecimentos e recursos, além de atualizá-los para manter o alto nível de segurança. É necessário aplicar e melhorar constantemente a legislação relativa à proteção das informações pessoais e comerciais e dos sistemas de informação. Devem ser implementadas medidas de segurança durante o trabalho em linhas terrestres, bem como a proteção contra descargas atmosféricas e efeitos climáticos, os efeitos do vento e da temperatura, chuva forte, nevoeiro, neve, radiações nocivas, quedas de pontos altos, greves de alta tensão e subtensão, explosivos e a proteção no manuseamento e exploração de dispositivos e instalações eléctricas. De especial importância é a aplicação de normas no domínio da proteção física, da proteção contra condições atmosféricas indesejáveis e da tensão. As vantagens da integração dos sistemas de videovigilância acima referidos e das ferramentas de acompanhamento e da utilização do Centro de Vigilância e Controlo são numerosas e influenciam o aumento da segurança dos empregados e dos bens, o reforço da eficácia e da eficiência, o controlo da produção, a reação mais rápida e as medidas preventivas em caso de manutenção e avaria, influenciam o cumprimento das responsabilidades legais e morais, o aumento dos rendimentos, a redução dos custos e a competitividade dos produtos.

6. ANÁLISE TÉCNICO-ECONÓMICA DA VIABILIDADE DO FUNCIONAMENTO DO SISTEMA

A monitorização através de sistemas de localização por GPS está a encontrar formas de reduzir os custos operacionais e a identificação de possíveis estrangulamentos no processo de produção para abrandar ou impedir o crescimento da produção e do negócio. A introdução do sistema GPS gerou grande resistência por parte dos trabalhadores, o que é caraterístico da introdução de novos sistemas com grandes mudanças. Por esta razão, as actividades de educação dos utilizadores tiveram como objetivo realçar os benefícios da utilização destes sistemas junto dos utilizadores. A verdade é que os utilizadores (operadores das máquinas) não reconhecem que a informação atempada e fiável tem um impacto significativo na eficiência e utilização da máquina, mas o efeito da informação atempada e fiável, no final, é visível. Quando os benefícios deste sistema são percebidos, pode concluir-se que a implementação deste sistema de monitorização aumentou a consciência dos funcionários de que o seu trabalho está sob uma supervisão constante. Analisando os resultados da aplicação atual após a introdução do sistema de monitorização telemétrica e de gestão da parte do processo tecnológico, pode notar-se que o tempo de funcionamento da maquinaria principal (escavadora e camiões) aumentou significativamente. Em particular, referimo-nos ao movimento do camião e à sua permanência no final do turno. Ao analisar a informação do período anterior, há a informação de que a utilização do tempo de trabalho dos camiões basculantes aumentou significativamente para uma média de 6,66% (cerca de 0,5 h/turno para cada unidade de condução), uma vez que o número de mais de 20 unidades de veículos que estão atualmente a trabalhar dá resultados impressionantes de efeitos adicionais. Tal como os dados e indicadores acima mencionados implicam, os indicadores de consumo de combustível são melhorados no que respeita ao consumo l/m3 da quantidade transportada. Se acrescentarmos o facto de que se vai no sentido de um melhor controlo e monitorização do consumo através da instalação de sensores especiais, os efeitos desta monitorização e controlo acabarão por ser ainda mais evidentes. Também o trabalho de outras viaturas e equipamentos foi estabelecido para um melhor controlo da utilização do sistema de monitorização, nomeadamente para as unidades de material circulante, onde temos agora uma utilização e disponibilidade de viaturas muito superior. Temos tido uma movimentação muito frequente de duas viaturas no local onde se efectua o carregamento, e consequentemente esperas desnecessárias, atrasos, etc. Com a utilização do sistema de gestão de telemetria com GPS, criámos as condições prévias para a otimização dos transportes no processo de produção de carvão.

Os resultados da monitorização são também evidentes no caso das viaturas de passageiros da Mina. Assim, estabelece-se um melhor controlo do seu funcionamento, reduz-se a utilização das viaturas da empresa para fins particulares, bem como os custos de combustível e manutenção. Tendo em conta a situação global, podemos concluir que a aplicação deste sistema tem um efeito positivo no trabalho dos trabalhadores e no equipamento das fábricas e que os aspectos financeiros e de segurança são melhorados com este método de controlo e supervisão do equipamento de trabalho. Algumas das vantagens básicas incluem:[3]

> Reduzir o número de lesões e aumentar a segurança dos trabalhadores,

> Redução dos custos de manutenção graças a uma gestão disciplinada do equipamento,

> Redução da possibilidade de roubo, os camiões têm menos trabalho inútil, controlando a utilização de veículos oficiais para fins privados ou fora do horário de trabalho,)

> Melhor utilização do tempo de funcionamento do equipamento (reflectida através de um menor congestionamento dos camiões e das escavadoras, reflectida através de um menor congestionamento dos camiões e das escavadoras; existe a programação dos camiões pelos expedidores em tempo real,

> Redução da utilização de máquinas e veículos pelos empregados para uma supervisão eficaz, impacto positivo no ambiente,

- Reduzir a criminalidade relacionada com a alienação de bens públicos por parte dos funcionários,

Para além dos custos de arranque (custo de aquisição de equipamento, dispositivos e software) e terá despesas mensais permanentes que ocorrerão da seguinte forma:

- Custos salariais (empregados do serviço de controlo da telemetria),
- Custos dos operadores de telecomunicações,
- Custos de reparação e manutenção do sistema de controlo e outros.

Certamente, o que deve ser levado em consideração ao adquirir tais sistemas é o facto de que o equipamento de TI se torna obsoleto muito rapidamente e que este e sistemas similares têm um alto grau de depreciação, e seu valor cai rapidamente. Por conseguinte, para seguir as tendências mundiais nesta área, é essencial planear regularmente os recursos para a melhoria e modernização dos sistemas e equipamentos, bem como permitir que os trabalhadores que trabalham na monitorização e manutenção do sistema frequentem seminários e cursos neste domínio.

A implementação de todo o sistema na "RMU Banovici" custou cerca de 350 000 euros, ao passo que o lucro do ano, devido a um aumento da produção e, em parte, devido à alienação de petróleo e a outras formas de poupança, foi superior a 1 100 000 euros (Rahmanovic, 2007). A redução do número de lesões e o aumento da segurança dos trabalhadores, para além da obrigação legal, é uma obrigação moral e produz um conjunto de benefícios economicamente pouco fiáveis.

6.1. IMPLEMENTAÇÃO DO SISTEMA DE CONTROLO E GESTÃO DA TELEMETRIA DO PROJECTO

Na fase de iniciação do projeto seria necessário, após a pesquisa, criar documentos que confirmem a viabilidade económica e a viabilidade técnica [9], após o que seria necessário, na fase de planeamento, criar a documentação do projeto e as autorizações necessárias que serão planeadas no âmbito, recursos, restrições, tais como custo, tempo, riscos e alterações de gestão de desempenho [2]. A fase de implementação que ocorre após a assinatura do acordo é necessária para começar com a execução, aquisição dos necessários, supervisioná-los e todo o fluxo de execução e gerido utilizando competência técnica, contextual e comportamental em função dos objectivos dentro dos limites determinados. Após a implementação deve ser deixado em operação experimental para remover a falta percebida executar a receção de equipamentos e obras e arquivar documentos que representa a fase final. O prazo de execução destes projectos em todas estas fases é de 20 meses.

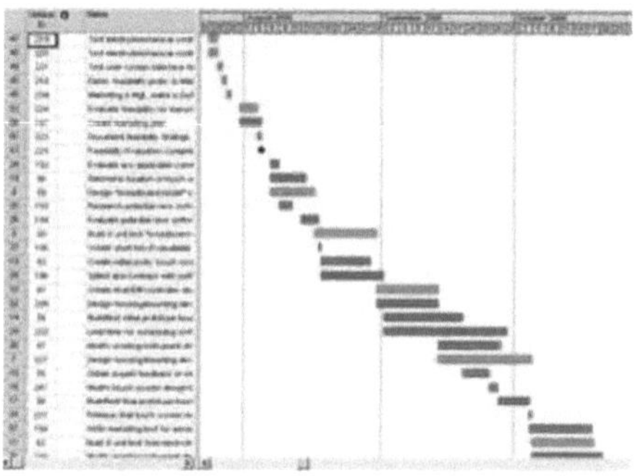

Figura 50. Gantograma da atividade do projeto

7. CONCLUSÃO

A implementação do sistema GPS na função de monitorização e gestão da telemetria, tem impacto numa maior eficiência, fiabilidade do equipamento, reduz a alienação, aumenta a redução de roubos, aumenta a segurança e ajuda a tomar decisões óptimas no processo de produção que se realizam em tempo real. Além disso, os dados relevantes sob a forma de relatórios podem ajudar na análise e nos planos futuros. Para além do lado das receitas do aumento da produção por unidade de trabalho, reduzimos os custos, pelo que o sistema GPS na economia de mercado em função da obtenção de preços mais baixos do carvão como produto torna-se não só justificado como necessário.

O presente estudo de caso da aplicação do sistema GPS para monitorização telemétrica na *"RMU Banovici"* demonstra que o investimento no projeto seria muito rentável mesmo no primeiro ano.

Ao analisar a informação obtida através da observação da aplicação do sistema GPS e da estrutura TIC que o acompanha, conclui-se que a aplicação de novas tecnologias não só nos pode dar informação exacta e atempada, como também pode afetar significativamente os lucros da empresa através da gestão adequada dessas empresas. Em tempo real, a aplicação da tecnologia TIC na governação das empresas e nas condições da economia de mercado impôs, como estratégia de saída, a possibilidade de sobrevivência e de desenvolvimento futuro das empresas neste domínio de atividade.

A utilização de sistemas GPS na exploração mineira oferece amplas possibilidades de melhoria e otimização dos processos de gestão da produção, manutenção, melhor comunicação, segurança das pessoas, redução do abuso da utilização dos recursos e potencial alienação que tem o potencial de afetar positivamente as receitas e reduzir as despesas, bem como melhorar as condições de segurança nestas empresas.

A execução destes projectos implica o acesso interdisciplinar e o conhecimento do funcionamento do processo de produção nas minas, bem como o conhecimento de um vasto leque de áreas das tecnologias de informação e comunicação. As condições de execução são complexas, sendo que o processo de exploração implica a utilização de equipamentos que estarão expostos a elevado nível de poeiras, vibrações, choques, água, sendo que os equipamentos e instalações devem ser efectuados dentro das normas que o garantam. A videovigilância IP como sistema é muito adequada para aplicações destinadas à proteção técnica e, integrada com outros serviços e ferramentas, pode produzir uma série de benefícios:

- Acesso remoto;
- Imagem de alta qualidade;
- Integração simples;
- Modularidade, exequibilidade e flexibilidade;
- Controlo de eventos e vídeo inteligente;
- Integração com outros sistemas de informação, serviços, controladores, GPS e implementação de sistemas e funções avançados (por exemplo, inteligência artificial)

Outros benefícios incluem: chamada automática de retorno e verificação visual após a ativação de um alarme; excelente transmissão do registo para verificação; o registo do ficheiro de alarme para uma verificação simples; vigilância simultânea em vários locais; palavras-passe para a proteção contra o acesso não autorizado; trabalho seguro com os diagnósticos implementados e regresso ao estado normal; influência e controlo da produção; proteção de bens e reforço da segurança dos funcionários. A aplicação de dispositivos baseados em IP proporciona um retorno mais rápido do investimento e gera custos mais baixos do que os dispositivos analógicos tradicionais. Prevê-se que a videovigilância IP substitua inteiramente a tecnologia analógica e híbrida devido aos custos mais baixos do equipamento digital e ao facto de a escalabilidade do sistema baseado em IP garantir uma substituição mais rápida e simples do equipamento digital pelos novos modelos. O desenvolvimento da videovigilância tem impacto no aumento da sua utilização e a sua integração com sistemas de informação, GPS, inteligência artificial, controlo automático (controladores, alarmes, sensores, actuadores), realidade virtual (RV) e drones, para além da sua ampla utilização e dos novos serviços, pode garantir benefícios significativos.

8. REFERÊNCIAS

1) Arifovic K., Rahmanovic A.,, (2013) Vagarski informacioni sistem u RMU "Banovici". Banovici, EUA.

2) Kerzner H, (2009) A Systems Approach to Planning, Scheduling, and Controlling, Willey. Nova Iorque, EUA.

3) Mesic A., Rahmanovic A., (2017) Napredne mogucnosti primjene GPS sistema. Banovici, BiH.

4) Mujic M., Rahmanovic A., (2012) Video nadzor u RMU "Banovici". Banovici BiH.

5) Project Management Institute, (2008) A Guide to the Project Management Body of Knowledge (Pmbok Guide). Nova Iorque, EUA.

6) Rahmanovic A., Jukan M., Mesic A., Avdic A., (2014) Implementacija GPS sistema za telemetrijsko pracenje i upravljanje u RMU "Banovici". Banovici, BiH.

7) Rahmanovic A, (2009) Opticko uvezivanje u RMU Banovici. Banovici, BiH.

8) Salaj B., Rahmanovic A., (2011) Racunarska mreza u RMU "Banovici". Banovici, BiH.

9) Trajkovski N. (2010) Uvod u upravljanje projektima. Sarajevo, BiH.

10) Internet: fallcom.de, ruptela.com, Wikipedia: GNSS, vídeo nadzor

9. APÊNDICE - ABREVIATURAS

1. AVL - Localização automática do veículo
2. BeiDou - sistema chinês de navegação por satélite
3. CDMA - Acesso múltiplo por divisão de código
4. DVR - gravador de vídeo digital
5. EGNOS - Serviço Europeu Complementar de Navegação Geoestacionária
6. ERP - Planeamento de recursos empresariais
7. Ethernet - Sistema de ligação de vários sistemas informáticos para formar uma rede local
8. FDMA - Acesso Múltiplo por Divisão de Frequência
9. FTP - Protocolo de transferência de ficheiros
10. GALILEO - Sistema europeu de navegação
11. GLONASS - Sistema Global de Navegação por Satélite,
12. GNSS - Sistemas globais de navegação por satélite
13. GPS - Sistema de posicionamento global
14. GPRS - Serviço geral de rádio por pacotes
15. HTTP - Protocolo de transferência de hipertexto
16. TIC - Tecnologias da informação e da comunicação
17. IP - Protocolo Internet
18. IDS - Sistema de deteção de intrusão
19. IPS - Sistema de Prevenção de Intrusões
20. IRNS - Sistema de Navegação Regional da Índia
21. ITRF - Quadro de Referência Terrestre Internacional
22. JPEG - Formato para compressão de ficheiros de imagem

23. LAN - Rede de área local
24. MEO - órbita terrestre média
25. MPEG - Norma internacional para codificação e compressão de vídeo
26. RAID - Matriz Redundante de Discos Independentes
27. SBAS - Sistema de Augumentação por Satélite
28. TT&C - Rastreio, Telemetria e Comando
29. UHF - Frequência ultra-alta
30. QZSS - Sistema de Satélite Quasi-Zenith
31. UPS - Fonte de alimentação ininterrupta
32. UTP - Par trançado sem blindagem
33. VCR - Gravador de cassetes de vídeo
34. xDSL - Linha de assinante digital
35. VPN - Rede Privada Virtual
36. WAAS - Sistema de Aumento de Área Ampla

MIX
Papier aus verantwortungsvollen Quellen
Paper from responsible sources
FSC® C105338

Printed by Books on Demand GmbH, Norderstedt / Germany